BÁSICOSANDAMIO

BÁSICOSANDAMIO

Esta serie ha sido diseñada con el propósito de estimularte a:

Pensar: temas abordados por expertos y analizados con un enfoque cristiano comprometido.

Renovar: a través de perspectivas cristianas para los problemas de hoy.

Construir: queremos ayudarte a crecer con buenos materiales.

Básicos Andamio te ofrece 4 áreas temáticas que podrás distinguir por sus colores:

Cian: actualidad

Magenta: apologética

Amarillo: liderazgo y pastoral

Negro: Biblia

ANDAMIO

EVIDENCIAS DE LO SOBRENATURAL

Divinidad, milagros y Resurrección de Jesús

BEN WITHERINGTON III .
WINFRIED CORDUAN . GARY R.
HABERMAS

BÁSICOSANDAMIO | **Magenta . Apologética**

Publicaciones Andamio
Alts Forns nº 68, Sót. 1º
08038 Barcelona
T. 93 432 25 23
editorial@publicacionesandamio.com
www.publicacionesandamio.com

Publicaciones Andamio es la sección editorial de los Grupos Bíblicos Unidos de España (G.B.U.)

Edición original: Francis J. Beckwith, William Lane Craig y J. P. Moreland, *To Everyone an Answer: A Case for the Christian Worldview: Essays in Honor of Norman L. Geisler,* Downers Grove (Ill.), InterVarsity Press, 2004, pp. 139-198 ("Part 3: Christ and Miracles").

Traducción: Alejandro Roop
Maquetación: disseny sostenible
Foto de portada: Fotolia

Depósito Legal: B.30905-2012
ISBN 13: 978-84-15189-82-4
Printed by Publidisa
Printed in Spain

Este libro protege el entorno

ÍNDICE

Introducción

William Lane Craig

En 1985, un destacado experto en el Nuevo Testamento llamado Robert Funk fundó un grupo de reflexión en el sur de California al que llamó el *Jesus Seminar.* El ostensible propósito de este seminario fue develar la persona histórica de Jesús de Nazaret usando los mejores métodos científicos de análisis bíblico. Desde la perspectiva de Funk, el Jesús histórico ha ido recibiendo tal grado de sedimentación por parte de la leyenda, mitología y metafísica cristianas, que apenas se parece a la figura de Cristo presentada en los evangelios y venerada por la iglesia de hoy. El objetivo del seminario era ir retirando tales capas y recuperar al Jesús que realmente vivió y enseñó.

El Jesús histórico develado por este seminario resulta haber sido una especie de crítico social itinerante, el equivalente judío de un filósofo cínico griego. Nunca aseguró ser el Hijo de Dios o perdonar pecados o inaugurar un nuevo pacto entre Dios y el hombre. Su crucifixión fue un accidente de la historia; su cadáver probablemente fue arrojado y sepultado en un hoyo poco profundo donde se pudrió o fue devorado por perros salvajes.

Ahora bien, si estas conclusiones son correctas, nosotros, los que hoy día somos cristianos, somos víctimas de una estafa de proporciones masivas. Continuar adorando a Jesús hoy en la luz de estas conclusiones sería o bien idolatría o mitología –idolatría si adoramos al personaje meramente humano que realmente vivió; mitología si adoramos al producto de la imaginación de la iglesia. Ninguno de nosotros –me arriesgo a considerar–

desea ser ni un idólatra ni un mitologizador. Por lo tanto, es de máxima importancia determinar si son verdaderas las conclusiones de los críticos de tendencia radical.

Para cualquier examen del Jesús histórico será crucial la cuestión de nuestras presuposiciones. Los investigadores escépticos, como los del *Jesus Seminar,* tienen ciertas presuposiciones que determinan la manera como observan la evidencia. Afortunadamente, los investigadores del *Jesus Seminar* han sido loablemente explícitos al poner de manifiesto algunas de sus presuposiciones. La introducción a *The Five Gospels*, la publicación de este seminario, establece que:

> La controversia religiosa contemporánea estriba en la cuestión de si la cosmovisión reflejada en la Biblia puede hacerse extensible a la era científica actual, y seguir siendo mantenida como artículo de fe [...] el Cristo de la fe y el dogma [...] ya no puede exigir el asentimiento de aquellos que han visto los cielos a través del telescopio de Galileo.[1]

Esta es una expresión fruto de un naturalismo científico, según el cual se afirma que cada acontecimiento del mundo obedece a una causa natural. Nada acontece por causas sobrenaturales. En otras palabras, los milagros no pueden suceder.

Ahora bien, esta presuposición señala una auténtica línea divisoria en cuanto al estudio del Jesús histórico. Si nuestras presuposiciones son de corte naturalista, entonces acontecimientos como la encarnación, el nacimiento virginal, los milagros de Jesús y su resurrección se escamotean de delante de nuestros ojos incluso antes de que nos sentemos a la mesa para examinar las evidencias. En su calidad de acontecimientos sobrenaturales, *no pueden* ser históricos. Incluso John Meier, un crítico relativamente moderado que afirma abstenerse de las presuposiciones naturalistas, no ha conseguido escapar totalmente de su dominación, pues rechaza siquiera someter a discusión la historicidad de la reivindicada resurrección de Jesús "porque la definición restrictiva del Jesús histórico

1 R. W. Funk, R. W. Hoover y el *Jesus Seminar, The Five Gospels*, New York, Macmillan, 1993, p. 2 (Introducción).

que estaré usando no nos permite adentrarnos en cuestiones que pueden ser afirmadas únicamente por fe."[2]

¿Pero por qué –podríamos preguntar– deberíamos nosotros en una época científica suponer un Jesús puramente naturalista? Después de todo, una buena cantidad de científicos son creyentes cristianos, y la física contemporánea se muestra a sí misma bastante abierta a la posibilidad de realidades que recalan fuera de las lindes del dominio de la física. ¿Qué justificación hay para un acercamiento puramente naturalista a Jesús de Nazareth?

En este punto, las cosas se vuelven muy interesantes desde un enfoque filosófico. Según el *Jesus Seminar*, el Jesús histórico debe ser por definición una figura no-sobrenatural. Y de manera justificadora apelan a D. F. Strauss, el erudito bíblico alemán del siglo XIX, cuya *Vida de Jesús. Críticamente examinada*, se basó fielmente en la filosofía naturalista. Según Strauss, Dios no actúa directamente en el mundo; actúa sólo indirectamente a través de causas naturales. Con respecto a la resurrección, Strauss indica que el alzar Dios de los muertos a Jesús

2 John P. Meier, *A Marginal Jew*, vol. I: *The Roots of the Problem and the Person,* New York, Doubleday, 1991, p. 13. Para su definición de "el Jesús histórico", véase la nota 5 más abajo. ¿Qué cláusula de la definición excluye, de partida, toda posibilidad de que la resurrección sea un elemento que forme parte del material correspondiente al Jesús histórico? Meier niega que la resurrección esté "abierta en principio a la observación de todos y cada uno de los observadores" (John P. Meier, *A Marginal Jew,* vol. II: Mentor, *Message and Miracle,* New York, Doubleday, 1994, p. 525). Eso excluiría que la resurrección formase parte del Jesús histórico, como también excluiría, paradójicamente, que la resurrección pudiera clasificarse como milagro a tenor de la definición que Meier hace de este. Pero, ¿por qué pensar que la resurrección no es observable de este modo? Meier está de acuerdo con la postura de O'Collins de que "aunque 'la resurrección es un acontecimiento real y corporal que tiene que ver con la persona de Jesús de Nazareth', la resurrección de Jesús 'no es un evento que ocurrió *en* el espacio y el tiempo y por lo tanto no debería recibir la denominación de histórica', pues 'deberíamos requerir de un acontecimiento histórico, que consista en algo significativo que se sabe que ha sucedido en nuestro *continuum* espacio-temporal" (Meier, *Marginal Jew*, 1:201; cf. G. G. O'Collins, "¿Is the Resurrection an 'Historical' Event?", *Heythrop Journal* 8 [1967]: 381-87). Pero O'Collins considera que la resurrección, la cual define como el paso de Jesús 'hacia afuera de la esfera empírica de este mundo, a un nuevo modo de existencia', no ocurrió en el continuum espacio-temporal solo en un sentido algo cándido: el mismo por el que podría decirse que el hecho de la salida de alguien de un edificio no ocurre en el edificio. Pero si la resurrección fue un acontecimiento real y corporal que le ocurrió a Jesús, entonces tal acontecimiento debe estar localizado temporalmente en algún momento alrededor del año 30 después de Cristo y más aún, ubicado espacialmente también, en Palestina y cerca de Jerusalén (en lugar de, digamos, Wilmette al norte de Chicago [o, por dar algún ejemplo peninsular, en Móstoles, al suroeste de Madrid. *N. del T.*]). Y de manera más fundamental, ¿cómo Meier puede saber la naturaleza de la resurrección de Jesús como para decir que no ocurrió en nuestro continuum espacio-temporal aparte de la investigación histórica? Debe de estar presuponiendo algo de conocimiento teológico previo acerca del evento. Pero esta es una teorización apriorística que contradice la metodología histórica de Meier, la cual se posiciona a sí misma en términos de neutralidad teológica.

"es irreconciliable con las ideas ilustradas de la relación de Dios con el mundo."[3]

Ahora considérese cuidadosamente lo que el *Jesus Seminar* dice sobre Strauss: "Strauss, en los Evangelios, distinguió lo que él llamó 'mítico' (definido por él como cualquier cosa legendaria o sobrenatural) de lo que era histórico. [...] La elección que Strauss hizo en su análisis de los Evangelios era entre el Jesús sobrenatural -el Cristo de la fe- y el Jesús histórico."[4]

Todo lo que sea sobrenatural es, por definición, no histórico. No se da un argumento para fundamentar esta conclusión; es simplemente una cuestión de principio. Como resultado, tenemos un divorcio radical entre el Cristo de la fe, o el Jesús sobrenatural, y el Jesús real e histórico. El *Jesus Seminar* nos brinda una sonora adhesión a la bifurcación de Strauss: dicen que la distinción entre el Jesús histórico y el Cristo de la fe es "el primer pilar del conocimiento erudito".[5]

Pero entonces toda la búsqueda del Jesús histórico se convierte en una farsa. Si partimos de la presuposición del naturalismo, entonces lógicamente desembocaremos en un Jesús puramente natural. Esta reconstrucción naturalista de Jesús no está basada en la evidencia, sino en una mera definición. Y lo llamativo es que el *Jesus Seminar* no hace ningún intento por defender este naturalismo; sencillamente se presupone.

Aquellos que han leído a Strauss saben que él apeló a los argumentos del escéptico escocés David Hume para justificar su rechazo de los milagros. Pero quienes están familiarizados con la filosofía contemporánea

---

3 David Friedrich Strauss, *The Life of Jesus, Critically Examined*, ed. con una introducción de Peter C. Hodgson, trad. por George Eliot, *Lives of Jesus Series* (London: SCM Press, 1973), p. 736.

4 Funk *et al.*, "Introduction", p. 3.

5 *Ibid.*, pp. 2-3. Meier trata de evitar el colapso de Jesús en una figura puramente naturalista, al trazar una distinción posterior entre "el Jesús real" *(grosso modo*, el hombre que realmente vivió) y "el Jesús histórico" de historiadores que emplean los instrumentos científicos para la investigación histórica moderna). Meier parece coincidir con el *Jesus Seminar* en que "en el contexto historiográfico-crítico, "lo real" ha sido definido -y debe definirse- en los términos de lo que existe dentro de este mundo de tiempo y espacio, aquello que puede ser experimentado en principio por cualquier observador, y lo que puede ser razonablemente deducido e inferido de tal experiencia" (Meier, *Marginal Jew*, 1:197). Meier aparentemente toma esta definición para excluir la afirmación de que el Jesús histórico realizó milagros y se levantó de los muertos. Parece, pues, que el Jesús histórico es una abstracción construida sobre el presupuesto del naturalismo metodológico, pero esta abstracción podría ser bastante diferente de la persona que en realidad vivió.

también saben que los argumentos de Hume son ampliamente rechazados y tenidos por falaces.[6]

Si por lo menos estamos abiertos al sobrenaturalismo, entonces los eventos milagrosos no deben ser descartados previamente. Debemos estar abiertos a observar honestamente la evidencia de que estos eventos milagrosos ocurrieron.[7] De hecho, si no presuponemos el naturalismo, entonces los evangelios resultan tener un aspecto bastante bueno como fuentes históricas para la vida de Jesús. R. T. France, erudito británico en Nuevo Testamento, ha escrito:

> En el nivel de su naturaleza literaria e histórica, tenemos buenas razones para tratar seriamente los evangelios como una fuente de información sobre la vida y enseñanza de Jesús. [...] Ciertamente muchos historiadores de la Antigüedad se considerarían afortunados de disponer de cuatro relatos tan responsables [como los Evangelios], escritos dentro de una generación o dos con respecto a los eventos, y preservados con tal riqueza de evidencia de manuscritos tempranos. A partir de este

6 Para una reciente y devastadora crítica de parte de un prominente filósofo de la ciencia y que es agnóstico, véase John Earman, *Hume's Abject Failure* (Oxford: Oxford University Press, 2000). Véanse además George Campbell, *Dissertation on Miracles* (1762; reimpresión: London: T. Tegg & Son, 1834); William Paley, *A View of the Evidences of Christianity*; 2 vols., 5ª ed. (London: R. Faulder, 1796; reimpresión: Westmead, England: Gregg, 1970); Richard Swinburne, *The Concept of Miracle* (New York: Macmillan, 1970); John Earman, "Bayes, Hume and Miracles", *Faith and Philosophy* 10 (1993): 293-310; George Mavrodes, "Miracles and the Laws of Nature", *Faith and Philosophy* 2 (1985): 333-46; William Alston, "God's Action in the World", en *Divine Nature and Human Language* (Ithaca, N.Y.: Cornell University Press, 1989), pp. 197-222.

7 A pesar de su negativa a examinar históricamente la resurrección de Jesús, Meier no rehúsa investigar la historicidad de los eventos incluidos en los milagros del Evangelio, llegando incluso a afirmar, después de un detallado estudio, que algunos de estos eventos sí pertenecen al Jesús histórico; él meramente prescinde del veredicto de que tales eventos fueron milagros genuinos, esto es, que son inexplicables a partir de las capacidades humanas o las causas naturales, siendo el resultado de actos especiales de Dios (Meier, *A Marginal Jew*, 2:512). Pero entonces quien investiga en el campo historiográfico querrá saber por qué una investigación que sea similar a la presunta resurrección de Jesús habría de estar fuera del alcance del historiador. Los historiadores de la guerra civil estadounidense rastrean los fascinantes acontecimientos que tuvieron que ver con el cadáver de Lincoln en momentos posteriores a su asesinato. ¿Acaso a los estudiosos contemporáneos de Jesús, empleando las herramientas científicas de la investigación histórica contemporánea, les es imposible calibrar la credibilidad histórica de las tradiciones que señalan que la tumba de Jesús fue visitada por mujeres, quienes la encontraron vacía? Todas estas y otras cuestiones parecen estar perfectamente abiertas para el historiador contemporáneo, incluso presuponiéndose un naturalismo metodológico, y parece no haber una buena razón por la que interrumpir de manera abrupta el estudio del Jesús histórico en su crucifixión. O'Collins, a quien Meier cita para probar que la resurrección no fue un evento *en* el espacio y tiempo, insiste en que todos estos eventos "pueden ser objeto de investigación por parte del historiador" (O'Collins, "Resurrection", p. 386). Incluso si uno coincide con Meier en que el historiador, *en calidad de* historiador, no puede proporcionar el veredicto: "Dios levantó a Jesús de los muertos" o incluso "Jesús se levantó de los muertos", todavía el historiador seguiría teniendo un alto grado de competencia para pronunciarse en lo concerniente a los eventos relativos a los testimonios de la resurrección.

punto, la decisión de aceptar el registro que ofrecen es probablemente susceptible de verse más influida por una apertura a una cosmovisión sobrenaturalista, que por consideraciones estrictamente historiográficas.[8]

Dicho de otra forma, el escepticismo acerca de los evangelios no está basado tanto en consideraciones historiográficas, sino más bien en el presupuesto del naturalismo.

En esta sección examinaremos la posibilidad de investigar al Jesús histórico sin el presupuesto perjudicial del naturalismo, así como la noción que el Jesús histórico tenía de sí mismo y, finalmente, la credibilidad de su resurrección en calidad de evento histórico.

8 R. T. France, "The Gospels as Historical Sources for Jesus, the Founder of Christianity", *Truth* 1 (1985): 86.

La Cristología de Jesús, una vuelta a la cuestión

Ben Witherington III

01

Cuando *The Christology of Jesus* se escribió hace ahora casi cincuenta años,[1] la reacción de los eruditos fue, como era de suponer, de diverso cariz. Hubo algo de extraño silencio, algo de aceptación entusiasta, y algo de rechazo consignado con bastante vehemencia.[2] Recuerdo muy bien la sardónica sonrisa de uno de los miembros de la sección sobre el Jesús Histórico de la SNTS (Studiorum Novi Testamenti Societas) cuando me referí a la cristología de Jesús como una cuestión para el debate. Se había supuesto que hacía mucho que Rudolf Bultmann había pronunciado la bendición final a esta cuestión al decir que casi nada podríamos saber con alguna certeza sobre el Jesús histórico aparte del hecho de haber sido crucificado bajo Poncio Pilato. Y ha resultado ser que un número bastante importante de expertos en Nuevo Testamento, incluyendo una gran variedad de investigadores que ha contribuido a la *Tercera búsqueda del Jesús histórico*, ha optado por no coincidir con Bultmann no sólo, en general, respecto al Jesús histórico, sino en cuanto a la cuestión específica de la concepción que Jesús tenía de sí mismo. Por dar tan solo un ejemplo, John P. Meier ha argumentado, como también lo hice yo, que todavía hay mucho por aprender acerca de la concepción que Jesús tenía de sí mismo, mediante el análisis de Jesús en sus relaciones

1 Ben Witherington III, *The Christology of Jesus* (Minneapolis: Fortress, 1990).

2 Este capítulo apareció de forma ligeramente diferente en un volumen de homenaje a Jack Kingsbury.

con otras figuras significativas tales como Juan el Bautista, los fariseos y los primeros discípulos.[3]

Una de las cuestiones que he estado considerando mucho últimamente es la de si realmente hemos formulado con acierto nuestras preguntas acerca de las relaciones de Jesús. ¿Habremos simplemente supuesto que las personas de la Antigüedad se relacionaban entre sí de manera bastante parecida al modo como nos relacionamos nosotros hoy día? ¿Habremos presupuesto que las personas y la personalidad en la Antigüedad no eran esencialmente diferentes de nosotros y nuestros perfiles como personas, y que por tanto podemos evaluar a Jesús como si a él se le sometiera a una evaluación psicológica propia de un contexto occidental moderno o posmoderno?[4] Demasiado a menudo, el problema del anacronismo no ha sido suficientemente tenido en cuenta, aunque sabemos que tanto lo adquirido como lo innato, la cultura tanto como la genética, afectan al tipo de persona que uno llega a ser. Pienso que en esta área del condicionamiento social y cultural de la personalidad humana ha habido deficiencias en la exploración de la concepción que Jesús tenía de sí mismo. Propongo, pues, en este estudio, hacer dos cosas: tratar de obtener más precisión en la discusión acerca de Jesús en su contexto social y sus relaciones, y procurar dar algunas sugerencias de carácter introductorio acerca de cómo este tipo de datos sociales y este tipo de acercamiento podrían iluminar la discusión acerca de los llamados títulos cristológicos que se encuentran en los evangelios sinópticos.

CONOCER DE LA MANERA EN QUE UNO ES CONOCIDO

Una de las áreas en la que se ha hecho un claro avance en los estudios en torno a los evangelios desde que se escribiera *The Christology of Jesus*, tiene que ver con los estudios de géneros textuales. La obra de R. A. Burridge, de crucial importancia, ha aportado evidencia considerable

3 Véase John P. Meier, *A Marginal Jew: Rethinking the Historical Jesus,* vol. 2, *Mentor, Message and Miracle (New York: Doubleday, 1994).*

4 Esta parece –cosa bastante sorprendente– la presuposición que subyace en el reciente esfuerzo realizado por John W. Miller, *Jesus at Thirty: A Psychological and Historical Portrait* (Minneapolis: Fortress, 1997). Sí hay en este trabajo algunas útiles observaciones, a pesar de haber tratado de explicar a Jesús desde la noción de una crisis de la mediana edad.

de que al menos tres de los cuatro evangelios caen dentro de la categoría de las biografías grecolatinas de la Antigüedad. Una de las características más sobresalientes de este género de antiguas obras biográficas, ya se piense en las Vidas de Plutarco o en la *Vida de Apión* de Josefo o el *Agrícola de Tácito* o el *Evangelio de Marcos*, es que en vez de presentar análisis del desarrollo de una personalidad humana particular que se extienden de la cuna a la sepultura, los autores suelen asumir la idea de que el carácter de una persona no se desarrolla a través del tiempo. Al contrario, se pensaba que el tiempo simplemente revela el carácter que una persona ha tenido siempre. La personalidad humana se consideraba estática y por lo tanto un cambio en la personalidad de uno, una conversión o una conducta camaleónica serían vistos con bastante escepticismo por parte de la mayoría. Sabiendo lo que ahora conocemos en este frente, resulta muy difícil psicoanalizar a Jesús desde la base de textos que, de manera general, no creen en teorías del desarrollo de la personalidad, y que no nos dan nada que se asemeje a datos adecuados acerca de informaciones tales como, por ejemplo, "las influencias tempranas en la infancia" de Jesús.[5] Lo que podemos decir sobre el Jesús histórico habrá de afirmarse o desmentirse sobre la base de lo que se nos revela en los evangelios respecto al Jesús adulto de aquellos aproximadamente tres últimos años de su vida. Y aquí no tenemos el tipo de material del que echan mano las semblanzas biográficas modernas, pues pocas son las oportunidades que nos dan para especular acerca de cómo creció o cambió a lo largo del tiempo.

El estudio de las personas de la Antigüedad mediterránea, y de sus personalidades, revela que se consideraba que las personas normales no eran lo que nosotros llamaríamos individuos singulares, sino más bien espejos de las virtudes y los vicios, las fortalezas y carencias de un

5 En este último frente, prácticamente no podríamos deducir nada a partir de Marcos o Juan, e incluso en los relatos acerca del nacimiento que se encuentran en Mateo y Lucas hay muy poco con lo que trabajar. Lc. 2:41-52, y en especial Lc. 2:52, sería un fundamento muy endeble sobre el que construir, y además nos da una señal ambivalente. Por una parte, Jesús considera que su deber es hacer lo que estaba haciendo en el templo incluso después de que sus padres habían partido. Por otra, obedece a sus padres y vuelve a casa con ellos. Por una parte se indica que crecía en sabiduría y estatura, después de consignarse en el texto su obediencia a los padres. Por otra, responde al "tu padre y yo" con una distintiva referencia a "mi Padre". Con lo cual, no es esta una imagen típica de un aplicado hijo enredado en los entramados sociales y patriarcales de su cultura.

determinado colectivo de personas de la Antigüedad. Lo que nosotros podríamos calificar de estereotipos, los antiguos los interpretarían como tipologías de carácter o rasgos que explican por igual a los individuos y a los grupos a los que estos pertenecen. Las observaciones que encontramos en Tito 1:12: "Los cretenses son siempre mentirosos, malas bestias, glotones ociosos" (una cita proveniente nada menos que de un famoso cretense), y en Juan 1:46, son realmente típicas de este tipo de literatura antigua. La identidad humana se fundaba en el grupo y se confirmaba por los miembros individuales del grupo. La vida no tenía que ver fundamentalmente con el establecimiento de un lugar singular en el mundo para uno, descubrir el carácter singularizador de uno mismo o el emitir juicios personales sobre la base de la individualidad.

En la Antigüedad, era ampliamente aceptada la noción de que el género, la generación y la geografía determinaban en su mayor parte la identidad de uno,[6] y con mucha razón. Primaba la identidad colectiva o del grupo, y no tanto la identidad individual. A una persona que buscara destacar o diferenciarse con respecto a su colectividad étnica, familiar, geográfica o de género, se la veía como una desviación, no como una persona que simplemente quería ser ella misma. En este tipo de ambiente, incluso una persona notable y en cierta manera distinta como la de Jesús trataría de identificarse apuntando a las relaciones que fueron formativas para él, y buscaría ver su identidad confirmada para sí mismo a partir de sus interlocutores más íntimos, ya que era normal que alguien distinto de uno mismo tuviera un papel crucial en cuanto a afirmar quién era y podía ser una persona (cf. p. ej., Mc. 1:11; 8:27-30).

Resulta entonces que no hay nada de sorprendente en la circunstancia de que una persona del siglo I decida hablar solo indirectamente o de manera escueta acerca de sí misma, si es que se da el caso. Esto es lo que puede esperarse en el caso de una cultura en la que la identidad colectiva no era meramente prominente sino dominante. Si el secreto mesiánico y el motivo de no comunicarlo que leemos en Marcos nos remite en cierto grado al contexto del Jesús histórico, no debería sugerir que Jesús tuviera

6 Véase la discusión de ahora acerca de esta cuestión en B. J. Malina y J. H. Neyrey, *Portraits of Paul: An Archaeology of Ancient Personality* (Louisville, Ky.: Westminster, 1996). Debo a estos autores la tríada sintetizadora de género, generación y geografía.

dudas acerca de su identidad o que estuviera buscando esconderla o que fuera tímido, sino que nos indicaría meramente que Jesús era una persona de la Antigüedad quien representó su vida en un escenario en el que era mucho más importante la coordenada que indicaba de quién uno era hijo, que quién era uno mismo (en cuanto a su ser interno o singularidad).

En este punto, algo debe decirse de Jesús como agente de cambio en un mundo patriarcal, y después acerca de las relaciones de Jesús con su familia. Se ha convertido en un lugar común en la discusión sobre el ambiente de Jesús el hecho de que él vivió en un mundo dominado por hombres y androcéntrico. Escasa evidencia en sentido opuesto, proveniente de comunidades judías asentadas fuera de Israel, no permite cambiar el panorama general de Galilea y Judea que se ha venido describiendo.[7] No me consta que haya evidencia de mujeres que desempeñaran las funciones de líder de sinagoga, de anciano o de maestro de la Torá que tuviera discípulos en el ámbito de la geografía sagrada en un tiempo anterior o coetáneo al de Jesús. Las culturas del Próximo o Extremo Oriente que aún perviven en nuestro mundo guardan muchas más analogías respecto al ambiente de Jesús, que cualquier cosa del Occidente de la actualidad. En este tipo de ambiente, no era ninguna sorpresa que Jesús tuviera doce discípulos varones en su círculo interno. Lo que es muy sorprendente es que aparentemente él haya tenido varias discípulas mujeres, algo que debió escandalizar a muchos pertenecientes a este marco cultural.

Se ve con suficiente claridad, pues, que Jesús no era una persona que simplemente seguía la corriente de su cultura, pero también se aprecia con igual claridad que él tenía la capacidad de relacionarse con otros dentro de este ambiente de predominio masculino, y de hacerlo de manera efectiva en múltiples casos. Esto debería indicarnos algo acerca de la manera en que Jesús se veía a sí mismo y veía su lugar dentro de su mundo judío. Su acercamiento social a las relaciones fue de una manera que él podía relacionarse bien tanto con hombres como con mujeres y podía atraer tanto a unos como a otras a su círculo de discípulos. Esto es parte de por qué he sugerido, en mi anterior trabajo sobre las mujeres en el ministerio

7 Véase Ben Witherington III, *Women and the Genesis of Christianity* (Cambridge: Cambridge University Press, 1990).

de Jesús, que él debió ser visto como una especie de reformador dentro del judaísmo,[8] creando una comunidad con valores distintos en el seno de aquella sociedad, y no la construcción por las aldeas galileas de campamentos de base en preparación de una revuelta en contra de las estructuras de poder del Imperio Romano o de un monarca satélite.[9] Él es escatológico y teocrático en cuanto a su orientación, de una manera algo similar al modo de la comunidad de Qumrán, y diferente de la orientación de los zelotes.[10]

Uno debe admitir que, en la cultura de Jesús, su género es probablemente una razón por la que pudo atraer a un grupo de seguidores formado tanto por hombres como por mujeres pertenecientes a este contexto social; por la que pudo ser una persona pública y construir su red de relaciones sociales de la manera en que lo hizo; y por la que fue capaz de suscitar las conjeturas de numerosas personas acerca de si él era o no una especie de figura mesiánica. Nótese, no obstante, que su propia enseñanza y modo de relacionarse sugieren que él creía que el advenimiento del reino de Dios estaba alterando algunos de los estereotipos y las restricciones que afectaban especialmente a las mujeres y a otros miembros subordinados de la sociedad de esta cultura. Todavía este Jesús sigue sin encajar perfectamente dentro de las casillas contemporáneas de "machista" o "feminista".

Si su género puede haber sido algún tipo de factor a su favor en el proceso de convertirse en una especie de figura líder en Israel, la localización geográfica y las conexiones familiares de Jesús parecerían haber constituido, en su conjunto, un cúmulo de desventajas. Jesús vivió

8 Este mismo tipo de conformidad y reforma con respecto a la cultura judía dominante también puede verse en el acercamiento de Jesús a la Ley. Hay ocasiones en que la confirma, ocasiones en que la intensifica, ocasiones en que imparte nueva enseñanza y ocasiones en las que sugiere, de palabra o de obra, que hay porciones de la Ley que han sido cumplidas o que tuvieron su vigencia en su día y que ya no se aplican al nuevo momento en el que el reino de Dios está haciendo su entrada. Precisamente debido a la convicción que Jesús tiene de que Dios está sacando a luz el reinado divino mediante una intervención escatológica, no siente la compulsión de encabezar una revuelta.

9 Compárese Ben Witherington III, *Women in the Ministry of Jesus* (Cambridge: Cambridge University Press, 1984) con lo indicado por E. P. Sanders, *The Historical Figure of Jesus* (London: Penguin, 1993).

10 Nótese que si bien es cierto que Jesús se veía a sí mismo y a sus doce desempeñando un papel en el futuro en el juicio de las doce tribus de Israel, y en el juicio que vendría sobre el pecado en Israel, esto no lo distinguiría de la comunidad qumranita, cuyos miembros, de manera similar a la de Jesús, no ejercían este papel en el presente, sino que anticipaban ser parte de ello en tanto que hijos de luz en un momento futuro cuando llegase la intervención final.

en una cultura en la que las personas no tenían apellidos para distinguirse unas de otras. En cambio, para diferenciar a una persona de otra que tuviera el mismo nombre, se usaba un patronímico o una referencia geográfica. Desde el principio hasta el final, a Jesús se le identificó frecuentemente con la fórmula Jesús de Nazareth (p. ej., Jn. 1:45-46; Mc. 16:6). Esto no puede ser accidental. La impresión inicial para algunos habría sido la de que esta referencia determinaba su identidad, y más específicamente, descartaba cualquier posibilidad de que Jesús fuera algún tipo de figura mesiánica (Jn. 1:46). Pero lo que sorprende es que, a pesar de esta identificación geográfica, de todos modos Jesús provocara que se alzaran las cejas y surgieran interrogantes en cuanto a lo mesiánico. Esto sugiere, aunque de una forma indirecta, que las palabras, las obras y las relaciones de Jesús debieron haber sido extraordinariamente sugerentes como para superar esta especie de marchamo identitario de carácter geográfico. Ciertamente, ninguno estaba buscando al Ungido prometido de Dios de entre los que procedían del anodino pueblo de Nazareth, y sin embargo los seguidores de Jesús, repetidamente en los Evangelios, elevaron a categoría de honor esta parte de su identidad. Uno debe preguntarse de qué manera Jesús se impuso a este determinismo geográfico para despertar esperanzas y miedos, así como reacciones en clave de maldiciones y de bendiciones, durante su ministerio. El hecho de que Jesús no fuera simplemente desestimado por todo el mundo sugiere que llegó a imponerse a este obstáculo inicial, al menos en las mentes de algunos.

Quizás es de máxima importancia toda la cuestión relativa a la familia de Jesús. ¿Qué hacemos con el hecho de que Jesús fuera raramente identificado mediante el uso de un patronímico, y que a veces se le identificara usando un matronímico, en una cultura en la que la pregunta acerca de *quién era tu padre y/o tu madre* era siempre crucial para dilucidar la identidad de alguien? Sí es cierto que contamos con textos como el de Juan 1:45 o la variante en Marcos 6:3, pero en ambos casos parecería que debemos considerar que quienes hablaban no estaban necesariamente en la mejor posición como para saber toda la verdad acerca de la relación de Jesús con José, el esposo de María. De hecho, pesa sobre estas dos expresiones un sentido de ironía, pues, en Marcos 6, la muchedumbre del pueblo natal llegará a rechazar a Jesús partiendo de lo que ellos creen conocer acerca de su auténtica identidad, y, en Juan 1, acaba de iniciarse un recorrido que se extiende a lo largo del texto de este Evangelio, un recorrido en el que iremos viendo numerosos intentos de nombrar adecuadamente a Jesús y que no alcanza una conclusión totalmente satisfactoria, hasta que, finalmente, una confesión por boca de Tomás en Juan 20 coincide con lo que se había afirmado en el prólogo de Juan 1.[11]

Y además, el texto más probable en Marcos 6:3 es "el carpintero, el hijo de María", y hay cierta razón para sospechar que esta fórmula identificativa se hubiera enunciado con intención de menospreciar.[12] Teniendo en cuenta este tipo de paradigma social, cuando la progenie de un hombre era susceptible de ser objeto de comentarios de menosprecio o de ser puesta en duda, o cuando el asunto quedaba abierto, sería muy difícil saber cómo Jesús habría sido capaz de sugerir a alguien que él fuera una figura mesiánica, a menos que algo dramáticamente impresionante residiera en sus palabras, obras y modos de interacción que sugirieran que las etiquetas identificativas de geografía y generación resultasen inadecuadas para su caso en particular. La superación de las etiquetas identificativas tradicionales y de las barreras es una señal elocuente de que Jesús no se presentó a sí mismo como simplemente uno más de la multitud.

Sondeando con mayor profundidad la relación que Jesús tenía con su familia, notemos que se admite de manera directa, tanto en las tradiciones sinópticas como joaninas, que había una cierta distancia entre Jesús y su familia durante su ministerio (Mc. 3:21, 31-35; Jn. 7:5); de hecho, en aquellos momentos no podía afirmarse que fueran seguidores de Jesús. Admitir esto es francamente llamativo en un medio social en el que la familia, incluyendo el círculo de parientes, era quizás el pilar fundamental de la sociedad judía y en un medio en el que, tras la muerte de un padre, se esperaría que el primogénito, en este caso presumiblemente Jesús, asumiera la responsabilidad de ser la cabeza del colectivo familiar. Este era un asunto crucial en la época en la que Jesús vivió, precisamente

11 Véase Ben Witherington III, John's Wisdom: *A Commentary on the Fourth Gospel* (Louisville, Ky.: Westminter, 1995).
12 Véase Ben Witherington III, *Women in the Ministry of Jesus*, pp. 85-92.

porque, como sugirió Richard Horsley, había una enorme presión sobre las unidades familiares de clase baja o artesana en Galilea y otros lugares de Israel, dado al modo en que la economía funcionaba en el tiempo de Jesús y las presiones que pesaban sobre la economía, por parte de recaudadores de impuestos, gobernantes satélites del Imperio, y otros exactores que estuvieran tratando de obtener fondos para satisfacer las distintas demandas de impuestos.

Y, para complicar las cosas, los Evangelios sugieren que, de hecho, Jesús llegó a hacerse amigo de algunos recaudadores de impuestos y peajes de la región, y que incluso discipuló a algunos. Esto seguramente habría sido interpretado por muchos judíos como una traición, quizás incluso por parte de los propios familiares de Jesús.[13] Lo que uno debe preguntarse es ¿cómo Jesús, durante su ministerio itinerante, llegó a vencer el estigma negativo de ser considerado un mal judío, de ser visto como una desviación social, como una persona que se asociaba con el tipo equivocado de personas, como un hombre que no honraba adecuadamente a sus padres viviendo con ellos y sirviéndoles? ¿Cómo, a pesar del hecho de que el texto admite sin tapujos que Jesús aparentemente se negó a ser llevado de vuelta a casa por su familia cuando estaba causando demasiada controversia (Mc. 3:31-35), Jesús llegó a sembrar impresiones positivas en las mentes y corazones de los antiguos judíos, que a algunos de ellos les sugirieron que él era una figura mesiánica?[14] De nuevo, cuanto más aprendemos acerca de la matriz social de la que vino Jesús, más probable parece suponer que Jesús en realidad debió de haber realizado algún tipo de afirmaciones mesiánicas, indirecta o directamente, que lo hicieran alzarse por encima de tantas y tantas antiguas creencias comunes acerca de qué configuraba la identidad.

---

13 Véase Richard Horsley, *Galilee: History, Politics, People* (Valley Forge, Pa.: Trinity Press International, 1995), y Richard Horsley, *Archaeology, History and Society in Galilee* (Valley Forge, Pa.: Trinity Press International, 1996).

14 No hay nada en los Evangelios que nos invite a pensar que los padres de Jesús no fueran unos padres buenos y cariñosos. Un texto como el de Lc. 2:41-52 no debería ser leído desde una óptica contemporánea. No se trata aquí de negligencia parental respecto a un hijo por parte de María y de José. Tiene que ver con el hecho de que Jesús pertenecía a una unidad familiar extendida, y no sólo a una familia nuclear, y en esta situación era perfectamente comprensible el motivo por el que los padres supondrían que Jesús estaría con otros familiares y vecinos del pueblo que retornaban de la peregrinación a Jerusalén. La historia también apunta de manera muy inequívocamente -anótese por otra parte- a cómo eran en realidad los judíos galileos observantes de la Torá, hasta el punto de que iban y venían de Jerusalén en gran número.

Debe comprenderse que, hasta cierto punto, existía la expectativa de que los profetas, la personas de realeza y los sabios se desviaran en cierta medida de la norma. Por ejemplo, Juan el Bautista todavía sería considerado un verdadero profeta por parte de muchos en Israel, a pesar de su estilo de vida anormal. Yo argumentaría que sólo en el caso de que, durante sus años de ministerio, Jesús haya dado a entender claramente que él era más que una persona cualquiera, de que al menos era alguna especie de profeta o sabio o figura mesiánica, únicamente por esta circunstancia, Jesús debió poder superar todos estos obstáculos, incluida especialmente la crucifixión, y ser capaz de haber provocado que quienes conocieron a Jesús antes de su muerte, lo proclamaran después de los acontecimientos de pasión y resurrección como el mesías judío.[15]

Debemos preguntarnos, pues, ¿qué tipo de persona, en esta cultura androcéntrica cimentada en colectivos familiares extendidos, deja casa y familia; y hace vida itinerante junto con mujeres y hombres; llama a sus propios seguidores su familia fraterniza con mujeres, esclavos, individuos de ínfimo valor social, recaudadores de impuestos, supera las desventajas geográficas y familiares, y llega a anunciar la llegada del reino de Dios? Con este conjunto de credenciales y de actividades, no es sorprendente que muchos vieran a Jesús como un hombre fuera de lo común, ya sea de una manera positiva o negativa;[16] pero lo que es sorprendente es que la perspectiva positiva prevaleciera incluso después de la ejecución de Jesús.

La así llamada teoría del *big bang* de la Pascua de resurrección, que sugiere que los actos de aparición en que Jesús se presentó a los discípulos fueron los que crearon la mayor parte de la especulación cristológica posterior, no tiene presente las cuestiones sociales que acabamos de tratar, no tiene en cuenta a Jesús en su propio contexto social, y es especialmente inadecuada para responder al hecho de que los primeros testigos de Jesús posteriores a la Pascua de resurrección

15 Ciertamente llegaron a tal grado de valentía que proclamaron en Jerusalén que él era el Mesías, siendo esta ciudad el lugar donde había numerosos testigos de su ejecución, acontecimiento que presumiblemente debió hacer que cesaran los rumores acerca de que él era más que un hombre cualquiera.

16 Nótese la sugerencia en Mc. 3:22 de que Jesús estaba aliado con el diablo, de que sus redes sociales le estaban asignando un poder cuyo origen era vil, y en Jn. 6:41-51, la sugerencia de que Jesús era, en el mejor de los casos, simplemente el hijo de José, y que no venía de Dios (*cf.* Jn. 9:16).

habían sido seguidores de Jesús antes de esta, durante la cual habían visto desbaratadas sus esperanzas, tal como admiten abiertamente los Evangelios, en el Viernes de pasión (p. ej., Lc. 24:21). Nótese también que las redes sociales en las que se movía Jesús continuaron en funcionamiento después de su muerte. De hecho, a juzgar por Hechos 1:14, los miembros de su familia que anteriormente no estaban persuadidos a favor de Jesús, ahora sí lo están. Debe darse una explicación adecuada que responda a datos tan destacados. Teniendo, pues, estas cosas en mente, pasemos ahora a la cuestión de los llamados títulos de Cristo.

LA FACULTAD DE OSTENTAR UN NOMBRE

En la Antigüedad, nombrar no se parecía a las prácticas modernas en las que los esposos elaboran conjuntamente una lista de nombres que les parecen que suenan bien, o nombres de la familia que no les convencen tanto, y después seleccionan uno para su hijo. En la Antigüedad, a menudo y de manera muy mayoritaria, se pensaba que un nombre, y quizás especialmente un sobrenombre o una forma de identificación autoseleccionada, revelaba algún aspecto de la naturaleza de uno. En la Antigüedad, los nombres no eran meras etiquetas identificadoras, sino insignias de honor o de deshonra, y el acto de asignar un nombre establecía una relación social de poder que fluía en un sentido particular de una persona a otra (p. ej., Mc. 1:11; Mt. 16:16-17). Este proceso es diferente del reconocimiento de un título o de un honor, o del empleo de apelativos peyorativos (p. ej., Jn. 8:48). Debe entenderse, pues, que los títulos Hijo del hombre, Hijo de Dios, Señor y Cristo, no son maneras alternativas de nombrar a Jesús o nombres que Jesús usara. Tampoco son meras etiquetas identificadoras. En cada caso, implican atribuciones honoríficas y son de naturaleza relacional.

El primero de estos títulos quizás merece ser examinado con más detalle. Cualquier cosa que se desee añadir acerca de la interminablemente debatida expresión *bar enasha*, está suficientemente claro que éste no es un nombre propio ni un sobrenombre en Daniel 7 y en los Evangelios. En Daniel 7, se emplea con finalidad descriptiva y su función es la de ser una analogía. Además, indica algo acerca de la persona en cuestión en su relación con los seres humanos. A semejanza de otras frases semíticas similares de propósito caracterizador mediante el empleo de la expresión "hijo de" más un nombre que servía de calificador, ese nombre calificador nos informa de algún elemento crucial o definitivo que caracteriza o modela a la persona en cuestión. Por ejemplo, la expresión *Boanerges*, o hijos del trueno, se usó para indicarnos algo acerca de los Zebedeos que los caracterizaba o modelaba en sus acciones, actitudes, o palabras, del mismo modo que las expresiones "hijos de luz" e "hijos de la oscuridad" en la literatura de Qumrán se refieren a personas cuyas vidas están caracterizadas por la cualidad correspondiente. La idea es que, desde una posición externa, una fuerza o grupo está dando forma o definiendo la identidad de una persona.

En Daniel 7, la expresión *bar enasha* debe ser objeto de una exégesis que abarque el más amplio contexto de lo que se indica acerca de los imperios malignos de los que tratan los capítulos anteriores –a saber, que son bestiales en cuanto a su naturaleza, en comparación con esta figura que viene a la presencia de Dios. Este "uno como un Hijo de Hombre" tiene un rostro humano y puede representar de manera auténtica a los seres humanos, en particular al pueblo de Dios, en la presencia de Dios. Es el representante de estos seres humanos (de ahí que se indique que sea como ellos) y los representa. Y a él, le fueron dadas una comisión y una potestad que de alguna manera guardan semejanza con las que recibió Adán (cf. Dn. 7:14 con Gn. 1:28).

Así pues, quizás la primera pregunta que debe formularse acerca del uso que Jesús hacía de la expresión *bar enasha* aplicándola a sí mismo, especialmente en combinación con sus declaraciones frecuentes acerca del dominio de Dios, es la siguiente: ¿Por qué Jesús, la mayoría de las veces, optó por esta expresión para identificarse a sí mismo, en vez de, por ejemplo, la denominación "hijo de David?"[17] Esta última expresión tendría una resonancia mesiánica mucho más clara, al menos para algunas personas. Quizás la respuesta reside en el hecho de que Jesús consideraba que él estaba representando a la humanidad, con una visión

17 Aquí estoy asumiendo, junto con la mayoría de los expertos, que Jesús llegó a usar la expresión "Hijo del hombre" en referencia a sí mismo en numerosos contextos, y que, a la luz de su proclamación acerca del dominio, es plausible que Daniel 7 esté funcionando dentro del sustrato subyacente al uso de esta expresión por parte de Jesús. Sobre esto, véase Witherington, *The Christology of Jesus*, pp. 238 y ss.

del reino diferente de la de los reinos de características bestiales. El dominio de Dios que Jesús estaría proclamando y que buscaba inaugurar sería un espacio donde aquellas cosas que eran deshumanizantes no tendrían lugar y donde incluso los más pequeños, los últimos y los perdidos, podrían llegar a disfrutar una vida de acuerdo con el propósito por el cual existen. En otras palabras, "Hijo del hombre" es una expresión relacional, pero indica que Jesús se veía a sí mismo no como definido o caracterizado por una humanidad en contraposición a la deidad, sino, a juzgar por Daniel 7, por una humanidad contrapuesta a la subhumanidad o a la bestialidad, especialmente en la forma de maldad estructurada que se halla en los imperios y en sus gobernantes tiránicos. O, dicho de otra manera, la venida del dominio de Dios tenía que ver con una reparación de la humanidad en el Hijo del hombre, en oposición a una bestialización y malogramiento de la humanidad en Adán y su estirpe, o –quizás de manera más cercana durante el tiempo de Jesús– en el César y su estirpe y en Herodes y la suya. Esto es lo que Dios había prometido en Daniel 7 a su pueblo oprimido.

La segunda expresión, "Hijo de Dios", será lógicamente más controvertida, pero debe apuntarse que todos los Sinópticos sugieren que esta frase se aplicó por primera vez a Jesús a través de una fuente externa –a saber, por una voz proveniente del cielo en su bautismo (Mc. 1:11 y pasajes paralelos).[18] Lógicamente, se sabe que esta expresión tiene matices mesiánicos, teniendo en cuenta lo descubierto en la cueva 4 de Qumrán,[19] pero aquí estamos hablando del acto de ser nombrado por parte de un Poder divino. La identidad está siendo confirmada o establecida a través de esta experiencia, y se sugiere implícitamente que lo que Jesús es quedará probablemente mejor revelado a través del tipo de relación que él tiene con Dios. Según este planteamiento, la más breve expresión "el Hijo" o el uso de la palabra *Abba* cobran un sentido renovado.

Se nos está indicando que si uno desea saber quién es Jesús, debería

---

18 La redacción marquiana, más temprana, es aquí crucial, y deja claro que es probable que lo referido originalmente fuera parte de alguna especie de visión apocalíptica que Jesús tuviera cuando se bautizó, la cual no se diferenciaría de las visiones registradas en el libro de Apocalipsis. Véase Witherington, *The Christology of Jesus*, pp. 148-55.

19 Véase J. A. Fitzmyer, *The Gospel of Luke* 10-24 (New York: Doubleday, 1981), p. 347.

considerar el modo en que él se relaciona con Dios y lo nombra, y cómo, sobre la base de esto, él se ve a sí mismo en tanto que nombrado por Dios. Alguien no es Hijo de Dios de una manera aislada, sino estando en una relación constante con lo divino. Esta idea, más que el ser hijo de José o Hijo de David, es la que caracterizó a Jesús y el modo en que se veía a sí mismo. Como otras personas de tiempos antiguos, él es nombrado por otros, y como otros antiguos, se identifica a sí mismo según el grupo que él considera que representa. Pero en el caso de Jesús, el género, la geografía o la generación no son los factores determinantes en última instancia, sino que lo serán unos que son incluso más básicos, tanto humanos como divinos.

En muchos aspectos, la escena que encontramos en Marcos 8:27-30 es una historia típica del acto de nombrar en la Antigüedad. En lugar de estar aquí Jesús contándoles a sus discípulos quién es él, les pregunta a ellos, por decirlo así, qué es lo que se cuenta por la calle. Habiendo oído la respuesta, pasa a preguntar directamente a los discípulos acerca de qué era lo que ellos pensaban. Se indica que su respuesta, representada por Pedro, consiste en que ellos pensaban que Jesús era el Ungido de Dios, esto es, la persona que había sido investida especialmente por Dios del poder y la comisión de traer el reinado de Dios al pueblo de Dios. De nuevo, no estamos ante un caso en que Jesús estuviera efectuando una declaración y respondiendo después a los cuestionamientos. Jesús actúa como las otras personas de la Antigüedad, y a él se le refiere cómo es visto por otros, y después él puede confirmar o discrepar o dar una conclusión a la discusión. En la narración de esta historia en Marcos –más temprana–, se ve que Jesús no contradice la declaración del discípulo, sino que tal declaración parece tratarse con cautela dada su peligrosidad, y aparentemente por esto mismo se insta a la reserva. Es de notar que este título es el que más se asemeja a la expresión que debió aparecer escrita en el rótulo de la cruz de Jesús.

¿Qué debió haber supuesto para Jesús aceptar la aclamación de que él era el Ungido de Dios, tal como parece que lo hizo en esta ocasión o en alguna otra? Significaría que él reconocía que su cometido, su misión, su poder y su autoridad venían de Dios, y que él, como figura regia, tenía ciertas tareas escatológicas que realizar para Dios y a favor del pueblo de

Dios. Resulta llamativo que este término *mashíaj*, el cual limitaría el ámbito de Jesús a su relación con Israel, no es la expresión autodesignadora de su preferencia.[20] Aunque, no obstante, tampoco parece haber descartado simplemente la insinuación de que había cierto sentido de adecuación al designar a Jesús apuntando a este tipo de relación.

Finalmente, tenemos el término *Señor*. Aparte del hecho de que Jesús pudo haber sido llamado *mare* en tanto que maestro o líder judío, indicando que él era una figura respetada, no hay ninguna señal en los sinópticos de que Jesús hubiera sido llamado así por otros en un sentido distinto del ordinario del término. Sin embargo, sí parece que Jesús bien pudo haber ocasionado tan alto tratamiento después de participar en el debate con otros líderes judíos acerca del significado del primer versículo del Salmo 110. Quizás Jesús en este debate sugería que cuando uno estaba hablando de aquel que es el Señor de David (Mc. 12:3-37 y paralelos), la cuestión más crucial no residía necesariamente en las conexiones davídicas. Si esto es así, estaríamos aquí en una línea similar a la de las ocasiones en que Jesús mostraba su interés en que la generación y la geografía no fueran los factores determinantes finales de la identidad de alguien, como en el caso de esta persona a que se refieren las Escrituras. De modo que, en resumen, queda claro que Jesús actuaba como una persona en sintonía con su contexto antiguo y que estaba empleando un lenguaje relacional de una manera que fuera comprensible para su entorno social. Mucho más podría decirse al hilo de estas cuestiones, pero en este punto nos convendrá consignar algunas conclusiones.

CONCLUSIONES: ¿Y ENTONCES?

No es ninguna casualidad que todos los títulos principales que se aplicaron a Jesús en los sinópticos (Hijo del hombre, Hijo de Dios, Cristo, Señor) se refieren a relaciones que se consideraba que Jesús había tenido y deben ser entendidos en su significado y naturaleza relacionales. Se puede ser Hijo sólo en relación con otro u otros; uno puede ser el Ungido sólo en relación con Aquel que unge, y finalmente, uno puede ser Señor

20 Nótese cómo, en Mc. 14:61-62, él no rechaza la denominación empleada por el sumo sacerdote, sino que inmediatamente redirige la discusión a su preferida expresión de autoindentificación: el Hijo del hombre.

en relación con algunos súbditos. Estos títulos tienen el propósito de informarnos acerca de quién era Jesús, no de manera aislada, sino en sus relaciones sociales y religiosas. La cuestión cristológica está planteada aquí en este marco debido al relieve social del mundo del que procedían tanto Jesús como los evangelios.

Ya sea que hablemos de una personalidad diádica, como harían los sociólogos modernos, o de una identidad formada desde la colectividad, las discusiones cristológicas en los evangelios manifiestan claramente un mundo en el que la identidad de una persona estaba ampliamente determinada por la filiación al progenitor, la pertenencia íntima al grupo en el que se había nacido o la ubicación en la que uno vivía. A este mundo en el que el género, la generación y la geografía eran los factores cruciales para la determinación de la identidad, vino Jesús, quien, al menos en materia de generación y geografía, parece haber optado por nadar contra la corriente. Y además, rechaza varios de los presupuestos básicos acerca de qué roles eran apropiados, en la sociedad judía, para hombres y mujeres. Esto no se debe a que se pueda concebir a Jesús, ni siquiera remotamente, como un ser comparable a un individuo occidental de nuestros días. Se debe a que Jesús eligió un tipo distinto de entramado de relaciones sociales en el que dar a conocer su identidad; a una red de relaciones en la que él sería principal y adecuadamente nombrado por Dios y por sus propios discípulos, y por sí mismo en vez de por sus padres, los vecinos de su aldea de origen, o incluso los líderes del judaísmo temprano contemporáneo. El modo como Jesús modifica las preconcepciones sociales y las redes de relaciones de la época revela, más de lo que podría brindarnos cualquier pormenorizado escrutinio de los títulos, que Jesús llegó a destacar de manera muy singular con respecto a la colectividad, que eligió crear su propia comunidad o familia, y de ese modo apuntó, al menos implícita e indirectamente, a atributos identitarios que adecuadamente fueron interpretados por los primeros cristianos como correspondientes a una naturaleza mesiánica o cristológica.

Jesús no acudió a la escena del judaísmo del siglo I para ceñirse a cualquiera de las expectativas preconcebidas que se tenían acerca de cómo habían de ser los profetas, los sabios o los mesías, y mucho menos para ajustarse a nuestras expectativas actuales. Él vino para dar a conocer algo acerca de Dios y de la humanidad, como también de su interrelación en el crisol de un entorno volátil, en el que las proclamaciones acerca de la intervención del reino salvador de Dios eran peligrosas, y podrían provocar la crucifixión de la persona en cuestión, debido a lo que tales mensajes implicaban acerca de las relaciones de poder que uno tendría, tanto con respecto a Dios, como con el pueblo de Dios. Los nombres que Jesús eligió para sí mismo, como también aquellos que aceptó de parte de otras voces tanto divina como humanas, obedecen al propósito de ayudarnos a localizar a Jesús dentro del mapa social judío de pretendientes o contendientes a mesías. Estos nombres distinguen a Jesús de muchos aspirantes a mesías de la misma época, pero también le identifican con elementos básicos propios del mismo sustrato de las Escrituras hebreas como parte de las esperanzas del pueblo de Dios. Cuanto más aprendemos acerca de la matriz social de Jesús, mayor es la claridad con que podemos cuestionar precisamente los mismos cuestionamientos críticos que se han planteado a la cristología.

Lo que esta mayor claridad no es capaz de lograr es dirimir la pregunta de si nosotros, por nuestra parte, habremos de llamar a Jesús de la misma forma que los evangelios lo hicieron. Siempre es posible que uno llegue a convencerse de que, aunque de hecho existió una fundada afirmación cristológica hecha por Jesús en la manera que se relacionó con otros (recibiendo y aportando nombres), finalmente tal afirmación no estuviera justificada. La verdad acerca de asuntos históricos no dirime la cuestión de si nosotros concluiremos que las declaraciones de identidad cristológica también son ciertas.

Finalmente, aparte de cuanto queramos añadir a esta discusión, resulta suficientemente claro, a tenor de todo el reciente bombo y platillo de la *Tercera búsqueda del Jesús histórico*, que el mundo occidental es un lugar que todavía experimenta una fascinación por la figura de Jesús y en el que muchos quisieran usar a Jesús como una figura supeditada a sus propios programas ideológicos y partidistas.[21] En nuestro propio contexto social, un poco más de luz acerca del Jesús histórico es bienvenido, especialmente cuando el Jesús *histérico* es el que suele aparecer con

21 Véase Ben Witherington III, The Jesus Quest: *The Third Search for the Jew from Nazareth*, 2ª ed. (Downers Grove, Ill.: InterVarsity Press, 1997).

más frecuencia en los medios de comunicación de masas de Occidente.

Quizás el *fides quaerens intellectum* no resulta ser, después de todo, un mal modo de adentrarse e indagar en esta cuestión acerca de los nombres y de las afirmaciones identitarias de Jesús, puesto que sabemos muy bien que no existe una objetividad pura en estas cuestiones. Este principio anselmiano parece ofrecer un modelo sano y prudente que conducirá nuestras investigaciones a los resultados más seguros.

RECURSOS BIBLIOGRÁFICOS

Habermas, Gary R., *The Historical Jesus: Ancient Evidence for the Life of Christ*, ed. revisada, Joplin, Mo.: College Press, 1996.

Harris, Murray J., Jesus As God: *The New Testament Use of* Theos *in Reference to Jesus*, Grand Rapids, Mich.: Baker, 1992.

Kreeft, Peter, *Between Heaven and Hell,* Downers Grove, Ill.: InterVarsity Press, 1982.

Wilkins, Michael, y Moreland, J. P., eds., *Jesus Under Fire: Modern Scholarship Reinvents the Historical Jesus*, Grand Rapids, Mich.: Zondervan, 1995.

Witherington, Ben, III, *The Christology of Jesus,* Minneapolis: Fortress, 1990.

_____, *The Jesus Quest: The Third Search for the Jew from Nazareth*, 2ª ed., Downers Grove, Ill.: InterVarsity Press, 1997.

En torno a los milagros

Winfried Corduan

02

No se espera que sucedan los milagros.[1] Por eso se llaman milagros. Si los milagros consistieran en cosas que ocurren de manera normal en el curso de un día cualquiera –o incluso si fueran simplemente sucesos inusuales–, cualquier discusión en torno a los milagros no tendría sentido alguno. Tanto para creyentes como para escépticos, un milagro es un acontecimiento que deja a todos sin palabras, intentando hallar una explicación distinta de la de una intervención sobrenatural, pero incapaces de hacerlo. Si el elemento de lo inexplicable está ausente, entonces no tenemos un milagro en el verdadero sentido de la palabra. Tomando prestada una frase de Charles Dickens, "Esto debe quedar absolutamente sentado, pues de lo contrario nada maravilloso podría desprenderse de la historia que voy a relatar".[2] Cualquier discusión en torno a los milagros debe partir del reconocimiento de que los milagros son acontecimientos

---

1 Algunas de las mejores discusiones académicas en torno a los milagros, desde una perspectiva cristiana, incluyen las siguientes: Francis J. Beckwith, *David Hume's Argument Against Miracles: A Critical Analysis* (Lanham, Md.: University Press of America, 1989); Colin Brown, *Miracles and the Critical Mind* (Grand Rapids, Mich.: Eerdmans, 1984); Norman L. Geisler, *Miracles and the Modern Mind* (Grand Rapids, Mich.: Baker, 1992); R. Douglas Geivett y Gary R. Habermas, *In Defense of Miracles* (Downers Grove, Ill. InterVarsity Press, 1997); C. S. Lewis, *Miracles* (New York: Collier, 1947).

2 Charles Dickens, *A Christmas Carol*, disponible en muchas ediciones. Una reciente transcripción de la obra se ha publicado en la página sobre Dickens, accesible en el siguiente documento: http://www.dickens.jp/ etexts/dickens/ others/cb/carol.pdf> Para una versión castellana, que arriba se ha citado: L. H. Rodríguez Felder (versión y selección), *Navidad y Reyes Magos. Selección de relatos*, Buenos Aires, Imaginador, 2001, p. 8.

que desafían una explicación natural. De otra manera, nada maravilloso podrá provenir de ellos.

A lo largo de nuestra vida cotidiana, elaboramos predicaciones o afirmaciones acerca de todo lo que hacemos y creemos, fundándonos en una regularidad básica. Cuando nos despertamos por la mañana, esperamos que el mundo sea exactamente igual que cuando nos habíamos acostado, y presuponemos que nuestras circunstancias, ya sean buenas o malas, no han cambiado. Contamos con que podremos seguir alimentándonos de la comida que está en el frigorífico y con que el Polo Norte tendrá un clima más frío que el del Ecuador. Nos parece justificado creer que las cosas buenas de la vida todavía lo son, pero también vemos que debemos aceptar el hecho de que las cosas malas de la vida –enfermedad, avanzada edad, muerte– no pueden ser rehuidas para siempre por nuestra mente, de modo que nos ponemos a hacer planes para el futuro inevitable.

En consecuencia, debería residir en la misma esencia de cualquier discusión en torno a los milagros la consciencia de que uno ha de hacer frente a una ambigüedad fundamental. Claramente, la persona que cree en los milagros tiene una disposición hacia su posibilidad y realidad, y esta será la cuestión que analizaremos en este capítulo. Sin embargo, los creyentes no deben pecar de ingenuos, y normalmente no lo son. Los creyentes cristianos serán escépticos con respecto a noticias que apunten a milagros en el contexto de otras religiones, y muchos de ellos incluso pondrán en duda reportajes que afirmen que haya habido acontecimientos milagrosos dentro del mismo ámbito cristiano. Por ejemplo, B. B. Warfield, teólogo de Princeton, dedicó toda una vida a escribir en defensa del carácter sobrenatural del cristianismo bíblico;[3] pero se opuso categóricamente a la idea de que hayan podido ocurrir auténticos milagros en tiempos posteriores a la época apostólica. "Una infundada superstición ha caído, como un manto mortuorio, sobre comunidades enteras, y durante épocas ha oscurecido sus mentes, maldiciéndolos toda la vida",[4] dice refiriéndose a los grupos humanos que

3 Véase, por ejemplo, B. B. Warfield, "Christian Supernaturalism", en: Samuel G. Craig (ed.): *Biblical and Theological Studies (Philadelphia: P&R, 1968), pp. 1-21.*
4 *Ibid.*, p. 2.

albergan una visión de la vida excesivamente (a su parecer) sobrenatural. Palabras mayores son estas, viniendo de parte de un apologeta cristiano. Y, sin embargo, a pesar del sano escepticismo que mucha gente mostrará respecto de los milagros, casi de igual manera puede decirse que los seres humanos buscarán y aceptarán la evidencia de lo sobrenatural. No sólo la mayoría practica alguna forma de religión, sino que además muchas de las personas que, de otro modo, se negarían a aceptar cualquier cuerpo formal de creencias sobrenaturales, practican supersticiones o buscan algún tipo de ayuda sobrenatural implícita para sus vidas, como los horóscopos o los amuletos. Parece que no nos aventuramos fácilmente a creer en una actividad sobrenatural, pero cuando sí creemos, nos comprometemos firmemente con ella.

UN PAPEL CENTRAL

Para los cristianos, los milagros son un aspecto especialmente importante de su religión, aunque no del todo por motivos convencionales. Para otras religiones, los acontecimientos milagrosos tienden a desempeñar dos importantes funciones, las cuales pueden encontrarse en el caso del cristianismo. Primero, una religión puede contener historias de milagros realizados por una persona especial, quien, la mayoría de las veces, será el fundador. Por ejemplo, se dice de Zoroastro, el fundador del zoroastrismo, que sanó al caballo de un rey y que, a través de esto, obtuvo la conversión del rey a sus enseñanzas. O también, en el hinduismo de hoy día, se afirma que el maestro Satya Sai Baba supuestamente realiza milagros de sanación y la materialización de objetos. En estos casos, los milagros son un medio de autenticación; se les adscribe la finalidad de verificar las autoafirmaciones de la persona en cuanto a tener un estatus especial particular, ya sea el de profeta, Dios u otro.

Además, muchas otras religiones ofrecen milagros a sus adeptos en calidad de un beneficio permanente por pertenecer a esa religión. Mahoma, el fundador del Islam, no realizó milagros,[5] pero el Islam popular

5 Los musulmanes a veces apuntan a ciertas circunstancias, considerándolas milagrosas: el viaje nocturno de Mahoma, la victoria de la batalla de Badr y el hecho de que Mahoma recibió y recitó el Corán. Mi énfasis aquí no es presentar objeciones técnicas en cuanto a definiciones o sobre la validez de estos eventos, sino mencionar que estos no son lo que normalmente tenemos en mente cuando hablamos de milagros.

siempre ha estado interesado en los milagros y en otras manifestaciones sobrenaturales, y la mayor parte de las veces en asociación con santos musulmanes y las peregrinaciones a sus sepulcros.

El cristianismo presenta los milagros como demostraciones de las afirmaciones de Cristo acerca de su identidad (Jn. 20:30) y como posibles respuestas a la oración (como se ve ilustrado con ironía en Hechos 12:6-7), pero los milagros son incluso más cruciales, tanto en el Antiguo como en el Nuevo Testamento. La misma naturaleza de la religión depende de que hayan sucedido determinados acontecimientos milagrosos. En la mayoría de las otras religiones, los milagros son simplemente un atractivo añadido porque solo la enseñanza religiosa es lo que tiene una importancia central para la religión, pero el cristianismo, al contrario, se funda sobre el acontecimiento milagroso de la resurrección de Cristo. El hecho de que ni Mahoma ni Buda realizaran milagros no es relevante para las respectivas religiones, pues sus religiones constan de enseñanzas que en definitiva cualquier persona podría obedecer, incluso sin haber oído nunca nada acerca de sus fundadores. Pero el cristianismo se basa no sólo en las enseñanzas de Cristo, sino también en lo que él hizo, y en este aspecto sus milagros, y en particular la resurrección, ocupan el centro de la escena.

De modo que, para el cristianismo, una discusión sobre la realidad de los milagros no corresponde simplemente a un excurso realizado desde una línea tangencial; bien al contrario, atañe precisamente al elemento vital de la religión. Lo que hace que esta verdad sea tan crítica es el hecho de que durante muchos siglos ha habido personas que se han denominado a sí mismas cristianas, pero que han creído que el cristianismo podría prescindir de lo sobrenatural. Por ejemplo, Gotthold Ephraim Lessing (1729-1781), en un intento de minimizar el impacto de los escritos escépticos de su época, trató de plantear el argumento de que incluso en el caso en que uno tuviera que eliminar todos los elementos sobrenaturales y milagrosos de la doctrina cristiana, todavía uno podría mantener lo que él llamó un cristianismo "verdadero", una religión que comienza y termina con la exhortación de amar al prójimo. Desde una

Mahoma explicó la ausencia de milagros afirmando que eran inútiles; que los incrédulos rechazarían la verdad independientemente de si viniera acompañada o no de milagros (*Corán* 3:183-84; 20:133; 30:58).

perspectiva más bíblica, este enfoque es claramente inadecuado. Pero entonces, nuevamente, muchos cristianos que son eruditos bíblicos, acceden a sus disciplinas con presuposiciones que de entrada descartan los milagros. Un ministro cristiano se pregunta acerca de la historicidad de 1 y 2 de Crónicas: "Primero, ¿cumple el libro de *Crónicas* con los estándares de la historiografía moderna? Planteada la pregunta de esta manera, la respuesta, casi con total certeza, es negativa. *Crónicas* se apoya en las nociones de intervención y participación divinas, y supone que la actividad de Dios es determinante para el curso de la Historia; solamente este hecho podría poner esta obra bajo sospecha dentro de las discusiones contemporáneas de carácter historiográfico".[6] De modo que, para este comentarista, como también para muchos otros, su presuposición en contra de la posibilidad de los milagros ya está poniendo en tela de juicio la verdad de la Biblia.

LA OPOSICIÓN LEAL

Ya consignamos más arriba que un sano grado de incredulidad en torno a los milagros corresponde a una característica humana positiva: no podemos simplemente aceptar la palabra de la gente con respecto a cualquier cosa que se quiera defender, y ciertamente no deberíamos hacerlo en lo concerniente a lo sobrenatural. No obstante, surge un serio problema cuando tal escepticismo llega a hacerse universal y ni siquiera se admite el escrutinio de milagros documentados de manera indubitable. Obviamente, la gente suele adoptar una postura contraria a los milagros desde posicionamientos distintos e, incluso, dentro de sus propios contextos, tendrán argumentos distintos de por qué consideran que no deberíamos creer en los milagros. Permítaseme mencionar tres.

El naturalista.

Para el propósito del presente trabajo, voy a reunir en una misma categoría a todos cuantos niegan, de plano, lo sobrenatural. Así, un

6 Paul K. Hooker, *First and Second Chronicles*, Westminster Bible Companion (Louisville, Ky.: Westminster John Knox, 2001), p. 12.

auténtico ateo, alguien que no acepta la existencia de Dios, podría ser ciertamente un buen representante de esta categoría. Pero incluyamos aquí también a cualquiera que niega los acontecimientos sobrenaturales en el mundo; no sólo los de Dios, sino también aquellos realizados por seres inferiores, como en el caso de espíritus y ángeles.

El deísta.

El deísta, tal como definiremos el término aquí, es quien acepta la existencia de Dios pero descarta la noción de una actividad divina en el mundo. Además –y esta es una cuestión de mayor importancia–, la naturaleza del deísmo no consiste simplemente en que Dios no haya realizado ningún milagro, sino que, en el caso de realizarlos, ello iría en contra de su misma naturaleza divina. Dios ha creado un orden natural, así que sería irracional, y por lo tanto imposible, que él alterara el orden de la naturaleza que ha creado. El deísmo, por tanto, no se diferencia dramáticamente del ateísmo en lo que respecta a este aspecto.[7]

El sobrenaturalista.

Algunas personas, en particular los panteístas (que creen que toda la realidad es idéntica de Dios), creen que la naturaleza fundamental del universo es espiritual. De modo que para ellos, cualquier acaecimiento que ocurra en el mundo sería un caso cuya explicación se halla en lo sobrenatural, y, en este tipo de paradigma, no sería posible distinguir los milagros del resto de acontecimientos. Todo lo que sucede es igualmente milagroso (o no-milagroso, podría decirse), puesto que todas las cosas son causadas por seres espirituales.

Cada una de estas clases, y a su manera, esgrimirá razones en contra de la validez de las tesis cristianas acerca de los milagros; en conjunto, yo las englobaría dentro de la descripción "escépticos". A aquellos que aceptan la realidad de al menos un milagro específico o admiten que en general los milagros son posibles, les daré la categoría de "creyentes".

---

7 Véase el completo estudio realizado por Cornelio Fabro, *God in Exile: Modern Atheism* (Westminster, Md.: Newman Press, 1968).

UNA PARADÓJICA COMPLICIDAD

Tal como ya hemos sugerido en la introducción a este artículo, para el creyente contemporáneo existe la gran tentación de tratar de defender los milagros haciendo que estos no parezcan tan milagrosos. En su esfuerzo por conseguir que el escéptico acepte un milagro en particular, el creyente puede escamotear el contenido sobrenatural del suceso, con la esperanza de que este resulte así más plausible para el escéptico. El problema, por supuesto, es que cuanto más confecciones la explicación del acontecimiento a la medida de las expectativas del escéptico, más probable será que se acabe cediendo en cuanto a lo que se defendía. Un escéptico no necesita ser convencido de que pueden ocurrir acontecimientos naturales inusuales; esto él ya lo sabe. Un escéptico necesita entender que hay veces en que los eventos son tan inusuales, que sabemos que sólo Dios pudo hacer que ocurrieran.

Permítaseme dar un ejemplo específico. Muchas personas no creen la historia del Antiguo Testamento que indica que Jonás fue tragado por un pez de grandes proporciones y que siguió vivo en él durante tres días. El crítico bíblico Robert Pfeiffer afirma que este no es "un relato de sucesos reales", sino que "es una ficción".[8] Su explicación es sencilla: "La supervivencia durante tres días de un hombre en el vientre de un pez, o incluso en el de una ballena, que es el único animal marino de tamaño suficiente, es, cuando menos, fisiológicamente improbable, incluso teniendo en consideración los presuntos paralelos contemporáneos".[9]

Pfeiffer no creerá esta historia porque esta aparentemente incumple las leyes naturales de la manera como él las entiende. Ahora bien, un aspecto interesante de esta declaración es que él hace referencia a "presuntos paralelos contemporáneos". Se da el caso de que cierto número de escritores que han defendido la historia de Jonás se han esforzado por documentar que cosas como estas ocurren; supuestamente, se han dado otros casos en que algunas personas han sido tragadas y preservadas dentro de un gran pez. Por ejemplo, Gleason L. Archer menciona varios

8 Robert Pfeiffer, *Introduction to the Old Testament* (New York: Harper & Brothers, 1941), p. 587.
9 *Ibid.*, p. 588.

incidentes de esta naturaleza,[10] y además atribuye a los críticos de la historia un prejuicio en contra de lo sobrenatural. Pero si intentamos defender la historia sobre la base de paralelos naturales, ¿no seremos culpables nosotros mismos de un remanente antisobrenaturalista?

Esto es lo que aquí quiero argumentar: No creo que la apologética ejercida a favor de la plausibilidad de la historia de Jonás resulte realmente reforzada cuando se intenta que la historia se parezca más a un acontecimiento natural. Toda la historia se centra en la idea de que fue Dios quien envió al pez, fue Dios quien preservó a Jonás dentro del pez durante tres días y fue Dios quien hizo que el pez vomitara a Jonás al cabo de ese tiempo. Poco se puede ganar mostrándole al escéptico algunos dudosos reportajes de cómo algo supuestamente similar habría sucedido en otros tiempos y en otros lugares y sin la intervención directa de Dios. Empleando una palabra de la terminología contemporánea de la Psicología, podría decirse que no hay necesidad de que el creyente se convierta en cómplice "facilitador" [*enabler*] de la adicción antisobrenaturalista del escéptico.

ESTO NO ES PATINAJE ARTÍSTICO

¿Qué sentimiento nos merecería un deporte en el que los resultados finales estuviesen determinados por un panel de jueces que hubiesen sido preseleccionados de acuerdo a su apoyo a uno de los competidores en particular? Esto nos asombraría y lo consideraríamos enormemente injusto, y no le daríamos ningún apoyo, ¿verdad que sí? Puestos a pensar, existe un deporte así, y se llama patinaje artístico olímpico, y cada cierto tiempo, cuando las cosas se van demasiado de las manos, quienes están a cargo de este deporte realizan algunas modestas reformas de carácter cosmético. La mayoría de nosotros, sin embargo, espera que las competiciones deportivas se lleven a cabo de una manera según la cual todos los contrincantes comiencen con una misma posibilidad de ganar.

Desafortunadamente, muchos escépticos esperan que el debate sobre los milagros se desarrolle de forma similar al patinaje artístico olímpico; es decir, quieren sentarse a la mesa del debate contando, de antemano, con

10 Gleason L. Archer, *A Survey of Old Testament Introduction* (Chicago: Moody Press, 1964), pp. 302-3.

un resultado asegurado a su favor. Más específicamente, esperan poder plantear los términos del debate de tal manera que el creyente nunca tiene una posibilidad razonable de poder defender con éxito su argumentación. En tan sólo unos momentos, vamos a fijarnos en dos ejemplos de esta estrategia operada por el escéptico. Por ahora, permítaseme simplemente cambiar de analogía y considerar las exigencias del escéptico de la siguiente manera. Imagínese que un agnóstico *ictiológico* –que no cree en los peces– nos dijera:

Muy bien, te permitiré que me demuestres la existencia de esas cosas llamadas peces y cuáles son los criterios para reconocerlos. Mientras realizas la demostración, por favor ten en mente que no creo que exista una cosa denominada agua, y que además, incluso en el caso en que yo admitiera hipotéticamente su existencia, nunca podría aceptar que ningún ser vivo pudiera sobrevivir en ella. Pero, por favor –soy una persona de mente abierta–, no me permitas que te impida que puedas plantear tu argumentación, que yo estaré contento de darte una franca valoración de si has tenido éxito o no.

De igual manera, el escéptico ha venido y le ha dicho a quien cree en los milagros:

Muy bien, te permitiré que me demuestres la existencia de los milagros y cuáles son los criterios para reconocerlos. Mientras realizas la demostración, por favor ten en mente que no creo que exista una cosa denominada actividad divina, y que además, incluso en el caso en que yo admitiera hipotéticamente su existencia, nunca aceptaría que nosotros pudiéramos reconocer de hecho un milagro que hubiese ocurrido. Pero, por favor –soy una persona de mente abierta–, no me permitas que te impida que puedas plantear tu argumentación, que yo estaré contento de darte una franca valoración de si has tenido éxito o no.

Por muy absurda que parezca esta situación, durante aproximadamente los últimos 400 años ha sido este el posicionamiento del debate filosófico occidental. No solamente los escépticos han sido quienes han establecido cómo habían de ser las condiciones, sino que además han convencido a los creyentes de que, a menos que estos acudan al debate constriñéndose a las condiciones propugnadas por los escépticos, no tendrán entonces un auténtico derecho a creer en sus propios milagros. Pero esto es cómico; ¿por qué los que ya han declarado su enérgico e inalterable rechazo a creer han de ser quienes establezcan las condiciones de aquellos que sí creen?

FIJEMOS PUNTOS DE PARTIDA ADECUADOS

Claro es que el asunto de los milagros tiene muchos puntos de partida. Uno de los males que adolece la filosofía tiene que ver con que las personas que han hecho magnas contribuciones luego han bautizado su instrumental epistemológico como la única y exclusiva metodología apropiada –por ejemplo, *la* manera de obtener conocimiento o *la* manera de tomar decisiones morales. Y viene después otra persona que muestra que, después de todo, este método en particular quizás no tenga una proyección y aplicación universales, y declara que, por tanto, el método no era correcto en ninguno de sus puntos. ¿No sería más razonable decir que las distintas áreas de la vida y de la filosofía quizás exijan diferentes maneras de acercamiento? Ese parece ser el caso en lo concerniente a los milagros. Un área importante de la exploración técnica de la naturaleza de los milagros es, por supuesto, la que estudia la relación entre lo que presuntamente es milagroso y las leyes de la ciencia, y más adelante volveremos sobre este punto. Sin embargo, considero prudente afirmar que la mayoría de las noticias de milagros que hay en el mundo ha sido proporcionada por personas que probablemente han tenido sólo un conocimiento rudimentario de lo que podríamos denominar leyes de la ciencia. Si queremos definir un milagro como una anomalía de las leyes de la ciencia –y hay veces en que puede ser útil hacerlo así–, téngase presente que lo que con ello estamos haciendo es redefinir el concepto, esta vez dentro de unos parámetros que posiblemente habrían sido ajenos a los de aquellos que de alguna manera se vieron implicados en el acontecimiento milagroso o dieron noticia de él.

De manera similar, a veces es útil analizar los milagros desde la base del análisis de probabilidad y, de nuevo, haremos mayor alusión a este punto dentro de poco. De otra manera –volviendo al *leitmotif* de este trabajo– no sería un milagro.

Sin duda, el aspecto más importante del problema de los milagros es el contexto de comprensión que rodea a cada acto de intelección. Ya hemos hecho referencia al hecho de que tanto creyentes como escépticos se acercan a esta cuestión con varias preconcepciones; es así como funcionan las mentes de las personas y no nos hace ningún bien negarlo –es básicamente un hecho. Sin embargo, en contraste con el gran salto al relativismo que ha caracterizado a la filosofía durante los últimos 150 años, no hay ninguna necesidad de concluir que, por tanto, las personas no puedan comunicarse, ni tan siquiera interaccionar entre sí de manera racional sobre conceptos filosóficos. Por supuesto que sí; si no pudieran, ahora no estarías leyendo tú el presente trabajo, coincidiendo o discrepando a medida que avanzas. No obstante, habiendo dicho esto, resulta claro que en lo que respecta a un tema como el de los milagros, la cosmovisión, en sentido amplio, que una persona trae consigo al acercarse a este asunto va a tener consecuencias enormes. Utilizando mi propio caso como el ejemplo que mejor conozco, no hay ninguna duda de que el conjunto de mi sistema de creencias, como también mi herencia cultural como cristiano, me dirigen hacia la aceptación de los milagros; las creencias de mi propio trasfondo en tanto que teísta cristiano, incluyendo los componentes sobrenaturales, son lo que hace que los milagros sean posibles y cognoscibles; cualquier cosa que yo diga en el contexto de la naturaleza de los milagros va a estar coloreada por el objetivo de coherencia racional para mi cosmovisión, la cual incluye la realidad de los milagros.

Pero, desde luego, estos condicionamientos se aplican también al escéptico. Imaginemos que el dueño de la página web "infidels.org" publicara un ensayo en el que presentara argumentos contrarios a la realidad de los milagros.[11] Es claramente razonable suponer que el conjunto de su sistema de creencias, como también su herencia cultural en el mundo del ateísmo, le dirigen hacia la negación de los milagros; las creencias de su propio transfondo en tanto que ateo, incluyendo la

11 De hecho lo hizo. Véase Richard Carrier, "The Problem with Miracles: The Shaky Groundwork of Corduan and Purtill", <http://www.infidels.org/library/modern/richard_carrier/indef/3a.html>.

negación del componente sobrenatural de la creencia religiosa, son lo que hace que los milagros sean imposibles e incognoscibles; cualquier cosa que él diga en el contexto de la naturaleza de los milagros va a estar impregnada por el objetivo de coherencia racional para su cosmovisión, la cual incluye la irrealidad de los milagros.

Esta observación no viene motivada por la intención de dirigir un ataque *ad hominem* al ateo o por el ánimo de relativizar, personalizar o trivializar las cuestiones. Al contrario, es para indicar que durante buena parte del tiempo –quizás incluso la mayoría–, la cuestión central no es la de si los milagros han ocurrido o si los milagros son, al menos, posibles, sino cuál es la cosmovisión que uno tiene. El ateo de obstinado antisobrenaturalismo no solamente tiene su derecho. Se verá obligado, en lo intelectual, a negar la realidad de los milagros en general, y de los acontecimientos milagrosos en particular. Sin embargo, y esto es crucial para nuestro planteamiento, aquello que el ateo no tiene derecho a hacer es suponer que el punto de vista del ateísmo sea el normativo para todos los demás o aislar, si desea involucrarse en el debate intelectual, sus presuposiciones ateas, poniéndolas fuera del alcance de la discusión.

Para el creyente, los milagros suelen ser un simple desarrollo natural proveniente de una cosmovisión fundamentada en una actividad sobrenatural, que la mayoría de las veces es Dios. Centrándonos en el teísmo cristiano en particular, la persona que cree en Dios de acuerdo a la enseñanza cristiana tradicional acepta que hay un Ser de infinito poder y conocimiento, quien creó el mundo y que sostiene, momento a momento, el universo con su poder. Para la persona que afirma esta visión, es totalmente obvio que Dios podría actuar directamente, en cualquier tiempo que él eligiese, dentro del orden finito que él mismo creó.

Pero esto no significa que Dios ha actuado de esta determinada manera. La naturaleza del teísmo hace posibles los milagros porque ve a Dios como un agente personal libre de intervenir en su orden creado, si así lo desease. Pero esta misma naturaleza también implica, por tanto, que Dios es libre de no intervenir. Dios no tiene la obligación de actuar de una manera milagrosa, y los creyentes no están obligados a aceptar que sean reales todos y cada uno de los casos en que se narra que ha ocurrido un evento milagroso. Así, para la persona que tiene una disposición hacia la

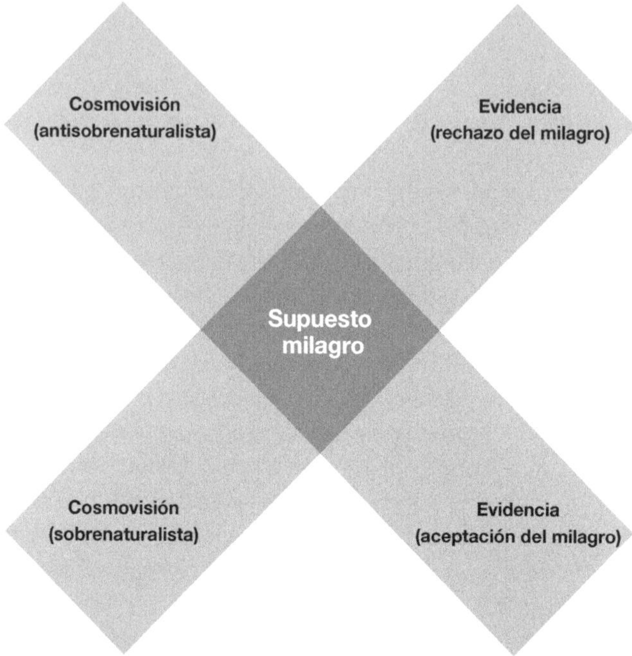

aceptación de la realidad de los milagros, aún sigue habiendo motivos de preocupación crítica. Para un evento específico, el creyente aún necesita saber si hay suficiente razón como para considerarlo un milagro. Daremos más información justo a continuación.

Vemos, por tanto, que la cuestión de los milagros representa una confluencia de numerosos asuntos y preocupaciones. El siguiente gráfico nos lo ilustra.

Ahora trataremos con mayor detalle las preocupaciones del escéptico, para posteriormente trazar algunas aplicaciones desde el ámbito que le es propio al creyente.

EL ARGUMENTO "SÍ, HOMBRE..." DE DAVID HUME

A lo largo de los siglos ha habido mucho debate en torno a los milagros. Gran parte del mismo ha consistido simplemente en una confrontación de lealtades dogmáticas, ya haya sido desde la afirmación del escéptico de que los milagros simplemente no pueden ocurrir, o desde la demanda del creyente de que todos los milagros de fuente autorizada deben ser considerados verdaderos y dignos de fe. Desde el lado del escéptico, se destacan dos líneas de argumentación, una que se remonta al siglo XVIII y otra al XX.

Quizás el argumento más conocido en contra de la realidad de los milagros viene del filósofo escocés David Hume.[12] De entre sus argumentos, de múltiples facetas, el más famoso se centra en la noción de que incluso en el caso de que los milagros teóricamente pudieran ocurrir, nunca llegaríamos a saber racionalmente que estos hayan ocurrido. Obviamente, Hume no estaba diciendo con ello que la gente no puede creer en los milagros, pues es claro que así es, sino que su planteamiento consistía en que las personas razonables no deberían creer en los milagros puesto que la evidencia a favor de ellos nunca puede ser suficiente. Con este argumento, Hume creyó haber establecido "un duradero examen de todo tipo de ilusiones supersticiosas, el cual, en consecuencia, será útil mientras perdure el mundo".[13]

Imaginemos que te refiriese un evento que claramente incumple una ley natural. Digamos que te explico que mi gato acaba de hablarme en un castellano diáfano, confirmando sus exigencias en cuanto al menú para la próxima semana. ¿Cuál va a ser tu reacción? Presumiblemente, si tienes algo de sentido común, no vas a dar crédito a mi historia. En el habla coloquial contemporánea, la expresión popular de incredulidad es: "Sí,hombre...". Los gatos no pueden hablar en castellano, y no hay mucho más que añadir sobre el asunto, salvo dilucidar por qué habría yo dicho semejante cosa. Estaría contando una mentira de manera deliberada por algún tipo de razón particular; estaría intentando hacer una gracia a expensas de mi gato; estaría alucinando; incluso podría estar probando un hilarante ejemplo para un artículo sobre los milagros. Cualquiera que sea la explicación que queramos confirmar, esta será más plausible que la idea de que mi gato me ha hablado en la lengua castellana. El peso de la probabilidad se decanta por una explicación alternativa.

12 El siguiente argumento es una síntesis elaborada a partir de David Hume, *An Inquiry Concerning Human Understanding* (1748; Indianapolis: Bobbs-Merrill, 1955), pp. 117-41.
13 *Ibid.*, p. 118.

Pero reparemos en el hecho de que cada una de las alternativas no es necesariamente preferible. La "explicación" de que lo que veo delante de mí y creo que es mi gato es en realidad el perro de mi vecino, que se disfrazó haciéndose pasar por mi gato para hablar conmigo, realmente multiplica la inverosimilitud. Una persona razonable sopesará la probabilidad de las distintas alternativas y elegirá la que conlleva el menor grado de absurdo. Esto es lo que Hume quería que viéramos. En definitiva, cualquier afirmación que apela a un conocimiento implica un estudio de probabilidad, y la persona racional creerá la que con mayor probabilidad sea cierta. En muchos casos, es tan baja la probabilidad de ciertas afirmaciones que apelan a un conocimiento, que no hay ninguna posibilidad de que una persona cabal y racional las acepte.

Pasemos ahora a un ejemplo sensiblemente no tan absurdo como el de mi gato castellanohablante. Digamos que te informo de que acabo de ver a un hombre convirtiendo el agua en vino. Supongamos también que tú sabes muy bien que soy una persona honesta, sobria y observadora, y que presento todos los indicios que podríamos esperar de las personas que creen en su propia historia. En otras palabras, la probabilidad de que yo esté siendo víctima de una ilusión o de que te esté engañando intencionadamente es bastante baja. Pero hay otra cosa que es incluso más baja, a saber, la probabilidad de que alguien pueda realmente convertir el agua en vino. Como persona racional que eres, tendrás que tomar una decisión. ¿Qué es más probable: que esté cometiendo algún tipo de error al referir este supuesto milagro o que las leyes de la naturaleza se hayan incumplido en esta transformación de agua a vino? Para Hume, la elección es fácil. Agua convertida en vino... "¡Sí, hombre...!".

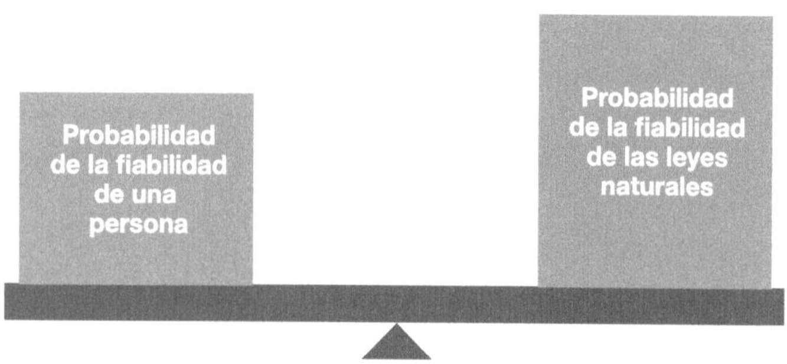

Lo que resulta de todo esto, según Hume, es que siempre deberíamos aplicar este proceso de evaluación de alternativas. Alguien nos habla de un milagro. Ponemos tal noticia en la balanza de probabilidad, y las leyes de la naturaleza siempre serán las que ganarán, según se puede apreciar en el siguiente gráfico:

Independientemente del grado de consistencia que tengan las noticias que presentan un incumplimiento de las leyes de la naturaleza, una persona razonable nunca creerá que estas se hayan visto incumplidas.

Pero ya os habréis dado cuenta de que esto no constituye realmente ningún argumento. No es más que la expresión de una predisposición en contra de los milagros, ejercida a toda costa. Al margen de la preferencia subjetiva, realmente no hay razón cabal por la que siempre debamos elegir creer que es errónea la noticia que nos ha dado la persona. Una generalización estadística, como la de que "nunca nos ha constado que las leyes de la naturaleza se incumplan", será falsa o incapaz de dirimir la cuestión, dado que precisamente es ese (si las leyes de la naturaleza pueden incumplirse o no) el asunto en cuestión. La persona de convicciones fundamentadas en el teísmo no afirma que las leyes de la naturaleza no ejercen una precedencia en nuestras vidas cotidianas; pues evidentemente sí la ejercen. Sin embargo, el teísta afirma que puede haber (y, de hecho, ha habido) ocasiones en las que hay evidencia suficiente a favor de un acontecimiento milagroso, según la cual una persona racional debería reconocer que las leyes de la naturaleza se han visto sustituidas por una actividad divina.

EL ARGUMENTO "¡...QUE SÍ, QUE TE LO DIGO YO!" DE ANTONY FLEW

El segundo de los argumentos ejercidos en contra de los milagros parece ser una especie de reformulación del argumento de Hume, pero en realidad nos dirige en una dirección distinta.[14] Antony Flew es un filósofo escéptico que tenazmente ha abogado en contra de varias formas

14 El siguiente argumento es una síntesis elaborada a partir de Antony Flew, *God and Philosophy* (New York: Delta, 1966), pp. 140-58, y Antony Flew, "Miracles", en: Paul Edwards (ed.), *The Encyclopedia of Philosophy* (New York: Macmillan, 1967), pp. 346-53.

de la fe religiosa. Probablemente, su mayor popularidad obedece a su tesis de que los cristianos han permitido que el lenguaje que emplean en referencia a Dios se haya convertido en un sinsentido, debido a que estos niegan cualquier evidencia que contradiga sus propias tesis acerca de Dios.[15] Específicamente, Flew argumenta que los cristianos continuarán afirmando su convicción de que Dios los ama del modo en que un padre ama a sus hijos, incluso cuando hay tanta evidencia en el mundo en contra del amor de Dios. La cuestión no es simplemente que los cristianos han sopesado la evidencia y se han decidido a favor de creer en el amor de Dios, sino que los cristianos ni siquiera admitirán que haya cualquier evidencia que pudiera resultar contraria al amor divino. Siempre que se produce un desafío a su fe en el amor de Dios, ellos simplemente redefinen el concepto hasta el punto de evitar tener que hacer frente a la posibilidad de que quizás el Dios amoroso en el que creen no exista. Al menos esto es lo que afirma Flew, a pesar de que hay –es por demás apuntarlo– un debate no pequeño sobre si está en lo cierto.

Pero aquello sobre lo que no puede haber ningún tipo de debate es que –irónicamente– esta es exactamente la misma estrategia que Flew emplea en lo que respecta a su rechazo de los milagros. En particular, Flew se opone a la idea de que ningún registro histórico pueda ser una fuente legítima de información acerca de acontecimientos sobrenaturales. En contraste con el argumento de Hume ya anteriormente expuesto, Flew no sólo pone en duda la fiabilidad de los testimonios de lo milagroso, sino que también afirma que es fundamentalmente incorrecto aceptar la veracidad de cualquier noticia de un milagro, en todos los casos. Según Flew, dar espacio a lo sobrenatural es contrario a la naturaleza de la ciencia, y no se debería permitir que los testimonios históricos contravengan la naturaleza de la realidad del modo en que nos la circunscribe la ciencia. Según Flew, esto no significa que la ciencia posea necesariamente la explicación correcta de cada uno de los acontecimientos históricos, sino que cualquiera que sea la explicación definitiva que corresponda a un evento específico, este no deberá ser milagroso. Así que Flew consigna esta asombrosa aseveración: "Si alguna vez llegásemos a la posibilidad de

15 Antony Flew, "Theology and Falsification", en: Antony Flew y Alasdair MacIntyre (eds.), *New Essays in Philosophical Theology* (London: SCM, 1955), p. 99.

afirmar que un determinado testimonio de lo ostensiblemente milagroso es de hecho verídico, eso lo podremos afirmar solamente debido a que ahora sabemos que los acontecimientos de los que se ha dado noticia no fueron en absoluto milagrosos".[16] En consecuencia, la afirmación de Flew de que ningún acontecimiento es milagroso no admite ninguna probada refutación, con lo cual, de la misma manera que él impugna la defensa que el cristiano hace del amor de Dios, su afirmación se convierte en un mantra que adolece de sinsentido. No hay evidencia que pueda valer en contra de su rechazo de que ningún acontecimiento pueda ser milagroso. De modo que –usando otra frase del habla coloquial: "¡...Que sí, que nos lo dice él!".

Esta actitud supondría, desde luego, una inmediata victoria para el antisobrenaturalista, pero precisamente por haberse subido a su propio podio para autocoronarse con los laureles que él mismo ha recogido. Una vez que, de manera apriorística, se ha expulsado la evidencia del tribunal, es obviamente imposible incluso comenzar a plantear una defensa de los milagros que arranque desde las evidencias. Por el contrario, sería más plausible la estrategia de permitir que el juicio de veracidad de los milagros se aplique a los méritos particulares de cada uno de ellos. Si su respaldo histórico es insuficiente, si el testimonio del supuesto testigo ocular es inconsistente, o si existen explicaciones alternativas plausibles, entonces uno no debería apelar a lo sobrenatural. Por el contrario, un argumento en contra de lo sobrenatural que comienza con una premisa principal consistente en un vasto rechazo de lo sobrenatural, no resulta abrumadoramente convincente.

CÓMO RECONOCER UN MILAGRO

En general, ¿qué hace la gente cuando una persona viene y expone que ha ocurrido un determinado milagro? Ignoremos por un momento la reacción de aquellos que van a desestimar cualquier alegación a favor de lo sobrenatural, como también la de quienes están incluso predispuestos a aceptar cualquier testimonio de un supuesto milagro (y, en particular, los testimonios provenientes del contexto de su propia religión),

16 Flew, "Miracles", p. 352.

considerándolo verdadero. Para los que incorporarán una buena medida de pensamiento crítico al examen del acontecimiento, justo será delinear las siguientes condiciones.

Debe haber algún tipo de expectativa razonable de que el evento en cuestión merece al menos ser objeto de un escrutinio que considere la posibilidad de que haya sido un milagro. Esta presunción *prima facie* deslindaría este acontecimiento de los acaecimientos no milagrosos. Por ejemplo, si un hombre que estuviera en una barca en medio de un lago diese un paso al agua e inmediatamente se hundiese, no habría ninguna presunción relativa a un milagro. Pero si diese un paso al agua y después continuase caminando sobre el agua, la noción de milagro sería al menos una de las distintas explicaciones en pugna.

El acontecimiento debe ser lo suficientemente inusual como para rivalizar con las explicaciones comunes. Dicho de otro modo, debería presentar algo que nosotros pudiésemos calificar de imposibilidad, o de una improbabilidad extrema. Generalmente, los autores que analizan este asunto dividen los milagros en dos clases, que a menudo reciben diferentes denominaciones.

Clase 1: De transgresión o sustitución: milagros de primer orden. Son acontecimientos en los que la naturaleza elemental de la realidad se ha visto superada. Por ejemplo, si vierto agua potable en el depósito de combustible de mi automóvil y de manera instantánea el agua se convirtiese en gasolina, este tipo de acaecimiento cumpliría con los requisitos correspondientes a un milagro de clase 1.

Clase 2: De configuración, contingencia o constelación: milagros de segundo orden. Estos milagros no parecen transgredir ninguna ley natural *per se,* pero presentan una secuencia de acontecimientos que es tan improbable, que a ella le corresponde un asombro comparable al de una aparente transgresión de las leyes de la naturaleza. Un ejemplo de este tipo de milagro sería una circunstancia en la que un meteorito impacta sobre un bloque de viviendas a las dos de la mañana, pero una hora antes, y por razones que no tenían ningún tipo de vinculación, cada una de las setenta y tres personas que vivían en el edificio decidió levantarse y desplazarse a otro lugar.

El acontecimiento en cuestión tiene que ocurrir en un marco que apunta a lo sobrenatural. Con lo cual, se lo podría considerar un subpunto de la primera categoría (si cuenta con una presunción *prima facie* razonable), pero también nos especifica un requisito adicional muy importante. Para que pueda ser objeto de escrutinio como posible milagro, debe haber alguna razón por la que asociar el acontecimiento con lo sobrenatural. Si ocurriese un evento altamente improbable y nadie (ni la persona que realizó la acción ni ninguno de los testigos) hiciese ninguna referencia a Dios o a otra actividad sobrenatural, incluso Antony Flew estaría en su completo derecho de pasar por alto una explicación sobrenatural.

La actividad sobrenatural debe ser la explicación más razonable del acontecimiento en cuestión. Obsérvese que aquí no estoy diciendo que deba ser la única explicación disponible, puesto que siempre es posible plantear alguna explicación, no importa lo forzada que sea, como alternativa. Lo cual hace pensar en la posición de Antony Flew de "que-sí-que-te-lo-digo-yo-que-sin-que-importe-la-evidencia-no-es-un-milagro". Sin embargo, cuando se observa un acontecimiento, este debe tener una naturaleza que haga que las personas razonables se sientan forzadas e impulsadas a concluir que, de manera contraria a sus expectativas, se trata de un milagro genuino.

En particular, el último punto subraya el hecho de que, incluso dada una delineación formal como la que se ha visto, la ambigüedad nunca desaparece. Ha de haber, sin duda, muchos casos sobre los que los creyentes no estarán de acuerdo en sus conclusiones acerca de si un milagro realmente ha ocurrido o no. Pero esta ambigüedad no implica que sea imposible identificar un milagro. Algunas personas creen que las victorias de Juana de Arco fueron milagros, pero para otras personas no es así. No obstante, no hace falta contar con un método deductivo de facilísima y simple aplicación a la hora de evaluar la casuística de este tipo de acontecimientos candidatos a milagros, para poder tener la posibilidad de lograr bastante seguridad en cuanto a que otros acontecimientos de distinta tipología, como el de la resurrección de Jesucristo, efectivamente fueron milagros.[17]

DESCENSO DEL MONTE CARMELO Y ASCENSO AL MONTE CALVARIO

Ruego que se repare en que no he proporcionado evidencia concreta de ningún milagro en particular, pues de hecho no fue ese el ámbito de enfoque del presente capítulo. Lo que he esperado haber logrado a estas alturas es mostrar que, a pesar del hecho de que jamás deberíamos otorgar con ligereza cartas de aceptación a cualquier reivindicación de un milagro, puede haber ocasiones en las que tal reivindicación pueda resultar estar dotada de una máxima legitimidad razonable.

Procedamos ahora a preguntarnos: ¿y si hemos podido identificar, de manera razonable, que un acontecimiento es un milagro? ¿Ello qué probaría? La respuesta depende del caso específico, por supuesto, dado que los milagros suceden en circunstancias diferentes y parecen desempeñar propósitos distintos. En el ámbito de las consideraciones relativas a la apologética cristiana, como es el caso del presente capítulo, los milagros obedecen al propósito de constituir una evidencia que dirija a las personas a la fe en Dios, pero en realidad apenas llegan a funcionar de esta manera. Leemos en el Evangelio de Mateo un buen ejemplo de ello, relativo al regreso de Cristo a Nazaret, el pueblo de su juventud: "Y no hizo muchos milagros allí a causa de la incredulidad de ellos." (Mt. 13:58). Claramente se ve aquí que la fe era un prerrequisito para la posibilidad de

17 Una falacia que aparece comúnmente en este tipo de debates consiste en la afirmación de que, ya que no tenemos un método adecuado de contabilizarlo todo, no somos capaces, por ende, de dar cuenta de nada. Que si no poseo criterios pétreos y de pronta aplicación con los que clasificar todos y cada uno de los acontecimientos ya dentro de la categoría de milagro, ya dentro de la de lo no milagroso, por tanto no tengo la posibilidad de clasificar ningún acontecimiento. No obstante, y por supuesto, una vez que se plantea la cuestión de esta manera, es evidente que esta no es una exigencia razonable. Puedo tener criterios completamente adecuados con los que reconocer la mayoría de los casos claros, incluso a pesar de la existencia de algunos casos no resueltos. Puedo saber que la resurrección fue un milagro, incluso cuando puedo ver borroso el caso de Juana de Arco. Esta falacia corresponde a un subconjunto de problemáticas más amplias que han llegado con el legado de René Descartes, quien nos proporcionó la desafortunada idea de que solo un método de conocimiento que sea universal e inapelable (virtual omnisciencia) podrá ser entendido en definitiva como conocimiento. A esto, una perspectiva más razonable esgrimiría que sí podemos saber que nuestras tablas de multiplicar son ciertas, aunque no hayamos podido probar la hipótesis de Riemann, y que puedo estar bastante seguro de que un gran número de personas murió en el *Titanic*, aunque desconozca sus nombres y fechas de nacimiento.

que Cristo hiciera milagros, y no el resultado que se buscaba provocar.

En general, nos parece justo afirmar que los milagros suelen obedecer a la finalidad de reforzar algunas creencias ya establecidas. Por ejemplo, un milagro puede demostrar el amor de Dios a una persona que está siendo sanada, y en tal caso probablemente no se está creando una nueva creencia, sino que se está viendo reforzada una creencia ya existente. Los milagros pueden adoptar incluso una cualidad negativa. Moisés exhortó al pueblo a que estuviera atento para no verse conducido, por parte de cualquier profeta futuro, a la apostasía, precisamente por el hecho de que las predicciones de tal profeta se vieran cumplidas en la realidad. Tal persona podría predecir un milagro, y "la señal o el prodigio [...], acerca del cual él te había hablado" podía cumplirse (Dt. 13:2). Este profeta, según la ley mosaica, debía ser ejecutado porque sus milagros, siendo genuinos, se presentan como una autenticación de sus falsas enseñanzas. Por tanto, definitivamente sería un error considerar que la función única, o incluso primaria, de los milagros es tratar de convencer a un no creyente a que se decida a creer.

Definitivamente, sería, por tanto, un error imaginar que los milagros fueran semejantes a fichas empleadas en un descomunal juego de azar en el que compitiesen las grandes religiones del mundo. La resurrección resulta ser el mayor milagro, y por tanto la religión a la que le corresponde la resurrección (el cristianismo) es la que gana. Obviamente, algunas personas sí intentan utilizar los milagros de sus religiones persiguiendo este mismo fin, pero tal modo es contrario a la manera en la que se conceptualizan a los milagros por parte de las respectivas religiones. Hume, el escéptico, pensó que los milagros desempeñaban una función tan corroboradora, que se anulaban entre sí, puesto que cada religión parece atribuirse acontecimientos sobrenaturales similares. "Todo milagro, por consiguiente, acontecido en cualquiera de estas religiones [...] dado que su alcance directo es probar el sistema particular al que se atribuye, tiene la misma fuerza, aunque más indirectamente, para desarmar cualquier otro sistema."[18]

No obstante, como hemos apuntado, los milagros no suelen funcionar

18 D. Hume, *Investigación sobre el entendimiento humano*, trad. de Vicente Sanfélix Vidarte y Carmen Ors Marqués, Madrid, Ediciones Istmo/Akal, 2004, p. 269.

como columna maestra sobre la que hacer descansar el peso de religiones enteras.

Y sin embargo, esto no significa que los milagros no puedan desempeñar ningún papel en la formación personal de la fe cristiana. Pero en los casos en que sí lo desempeñan, se trata de una situación en que un individuo tiene que afrontar la obra sobrenatural de Dios. El apóstol Juan dice acerca de los milagros de Cristo que él registró en su Evangelio: "[...] éstas se han escrito para que creáis que Jesús es el Cristo, el Hijo de Dios; y para que al creer, tengáis vida en su nombre." (Jn. 20:31).

¿Y qué sucede con lo que anteriormente dijimos acerca de la resurrección de Cristo? ¿No consignamos ya en este capítulo que la resurrección es central para el cristianismo, y que de hecho esto es lo que lo distingue de las otras religiones? Sí que lo hemos afirmado, y acerca de ello no quede ninguna duda: la resurrección de Cristo es un milagro de una magnitud incalculable, fundamentado en fuentes extremadamente fiables y que desafía y se impone a explicaciones no sobrenaturales. Pero esta no es, *per se*, su importancia. Es importante, ante todo, porque sucedió. La resurrección es crucial para el cristianismo porque el Hijo de Dios, encarnado, habiendo muerto por nuestros pecados, volvió a la vida para que también nosotros podamos recibir vida eterna. No puede haber ningún argumento de tal calibre, pero lo que es de máxima importancia no es la magnitud del milagro, sino lo que Dios hizo en este acontecimiento.

Creer en los milagros no es algo fácil ni un fin en sí mismo. Pero, como hemos visto, es la transición la que hace posible que nosotros podamos recorrer el camino que va desde una cosmovisión general teísta a una aceptación concreta de lo que Dios ha realizado en la historia a favor de nuestra redención. Hace mucho tiempo, en el monte Carmelo, el profeta Elías lanzó un desafío a los profetas de Baal, sobre qué dios –Yahveh o Baal– podría producir fuego de manera milagrosa. Fue Yahveh, por supuesto, quien hizo cumplir su voluntad. Sin embargo, este certamen no se ubica en el corazón de lo que los milagros significan para el cristiano. De un modo mucho más importante, gracias a que hay un Dios quien realiza milagros nosotros podemos estar seguros de la salvación que Dios nos proveyó en el monte Calvario.

RECURSOS BIBLIOGRÁFICOS

Beckwith, Francis J., *David Hume's argument Against Miracles: A Critical Analysis*, Lanham, Md.: University Press of America, 1989.

Brown, Colin, *Miracles and the Critical Mind,* Grand Rapids, Mich.: Eerdmans, 1984.

Geisler, Norman L., *Miracles and the Modern Mind,* Grand Rapids, Mich.: Baker, 1992.

Geivett, R. Douglas y Gary R. Habermas (eds.), *In Defense of Miracles,* Downers Grove, Ill.: InterVarsity Press, 1997.

Lewis, C. S., *Miracles*, New York: Collier, 1947.

Swinburne, Richard (ed.), *Miracles*, Englewood Cliffs, N.J.: Prentice-Hall, 1989.

En defensa de la resurrección de Cristo

Gary R. Habermas

03

La cuestión de la defensa de la resurrección de Jesucristo es verdaderamente rica en facetas. De los muchos temas que el Nuevo Testamento abarca, son pocos más los que implican tantos detalles o los que han recibido un tratamiento tan serio por parte de los expertos investigadores de estos últimos años. Debido a los cientos de estudios que hay sobre esta cuestión, el presente capítulo deberá limitarse a un formato resumido que básicamente enumere algunas de las muchas conclusiones que han emergido a lo largo de la investigación contemporánea.

A lo largo del presente estudio, citaremos principalmente la información sobre la que la amplia mayoría de los investigadores está de acuerdo, sean cuales fueren sus posicionamientos teológicos previos. Más crucial nos parece que tales expertos investigadores están de acuerdo con esta información, precisamente por el hecho de que estos datos cuentan con una buena fundamentación empírica, a menudo por múltiples razones. Ya en su momento hice uso de los datos para defender mis conclusiones, lo cual también han hecho otros. De modo que las fuentes citadas a pie de página servirán para proporcionar otras informaciones de contexto y argumentaciones adicionales, a la vez que más detalles que están a disposición de quienes quieran consultarlos. El autor empleará los resultados de su propia y reciente investigación y consulta de unas mil cuatrocientas fuentes que sobre esta cuestión se publicaron a partir de 1975 en alemán, francés e inglés.

Junto a esta exposición de algunas de estas conclusiones sintetizadas, me centraré también, en el presente capítulo, en sólo dos de los grandes temas que apenas se suele analizar en detalle. Son dos componentes cruciales para una defensa historiográfica de la resurrección de Jesucristo.

Por varias razones, el primer componente consiste en la conclusión virtualmente unánime de los investigadores contemporáneos, de que los primeros seguidores de Jesús al menos *estaban convencidos* de que habían visto a Jesús resucitado en ocasiones posteriores a su muerte. ¿Pero, partiendo de esta certeza de que los primeros discípulos *creyeron* haber visto a Jesús presentándoseles, cómo se llega a que *realmente* hayan visto a Jesús? O, dicho de otro modo, ¿cómo se llega, desde su convencimiento, a una resurrección histórica? Considero firmemente que en este punto reside el aspecto más decisivo para una argumentación de la historicidad de los actos de aparición de Jesús resucitado.

En segundo lugar, en nuestro mundo y durante las últimas décadas, las transformaciones religiosas y políticas están al orden del día. Ya sea que se estudie la historia del comunismo, las estrategias islamistas de suicidio, la actividad misionera, o sucesos particulares de gran eco mediático como los de Jonestown, el grupo de David Koresh y el de Heaven's Gate, cada vez es más obvio que muchos individuos, tanto cristianos como no cristianos, están dispuestos a dar sus vidas por aquello en lo que creen. Así pues, ¿qué es lo que hace que las transformaciones experimentadas por los discípulos de Jesús, hasta el punto de estar dispuestos a morir por su fe, tengan que ser tan singulares? Y finalmente, este hecho de los primeros albores del cristianismo, a menos que sea un aspecto medianamente singular, ¿cómo podría constituir un componente tan importante de la mayoría de los argumentos esgrimidos en defensa de la resurrección?

LAS EXPERIENCIAS DE LOS DISCÍPULOS CON JESÚS RESUCITADO

En los estudios contemporáneos del Jesús histórico, algunos elementos gozan del apoyo de un consenso académico amplio. Que la proclamación del reino de Dios era su mensaje central y que Jesús murió crucificado son dos hechos de la vida de Jesús que son objeto de una aceptación sin reservas.

En un mismo nivel al de estos dos, se encuentra el veredicto sustancialmente unánime de los investigadores académicos contemporáneos de que los primeros discípulos de Jesús estaban convencidos de que habían visto a Jesús resucitado. El destacado historiador E. P. Sanders, que se autodenomina liberal,[1] ejemplifica este acuerdo. Él declara que los "hechos igualmente seguros" incluyen el que los discípulos de Jesús "le vieron (no es seguro en qué sentido) después de su muerte. [...] A partir de entonces sus seguidores le vieron".[2]

Evidencias que avalan las experiencias de los discípulos. Verdaderamente, es digno de destacarse que la vasta mayoría de los expertos, la cual representa una variedad de puntos de vista, a pesar de los significativos desacuerdos en otras áreas, reconoce que efectivamente los discípulos tuvieron experiencias reales de algún tipo. Parece igualmente claro que este reconocimiento se debe a la presencia de una cantidad bastante asombrosa de poderosas razones por las que sostener esta conclusión. Incluso un repaso sucinto de estas cuestiones podría resultar instructivo.

1. En los trabajos de investigación contemporáneos, casi siempre se considera al apóstol Pablo como el mejor testigo de entre los escritores del Nuevo Testamento. Habiendo ejercido anteriormente de opositor a este mensaje, Pablo indica claramente que Jesús resucitado se le apareció en persona. Pablo realiza esta afirmación más de una vez (1 Cor. 9:1; 15:8; Gál. 1:16). También contamos con que el testimonio de Pablo encuentra una corroboración de parte de otro autor del Nuevo Testamento, quien vuelve a contar la historia tres veces (Hechos 9:1-8; 22:3-11; 26:9-18).

Los datos de fondo que explican la conversión de Pablo desde su hostilidad a la iglesia son reconocidos por todos. Pero debe haber una razón por la que este joven y brillante estudioso se viera convencido en contra de sus antiguas creencias y en contra de su persecución de los

---

1 E. P. Sanders, *Jesus and Judaism* (Philadelphia: Fortress, 1985), p. 324.
2 E. P. Sanders, *The Historical Figure of Jesus* (London: Penguin, 1993), pp. 11, 13.

creyentes, según él mismo lo explica (1 Cor.15:9; Gál. 1:13-14; Fil. 3:4-7). La razón de Pablo es muy clara: estaba persuadido de qué él había visto a Jesús resucitado. Por lo tanto, Pablo era obviamente un testigo ocular en cuanto a su propia experiencia. En este punto, el consenso entre los expertos queda atestiguado por el filósofo ateo Michael Martin, quien admite: "Sin embargo, sólo tenemos un relato escrito por un testigo ocular contemporáneo que refiera una aparición, posresurrección, de Jesús, a saber: el de Pablo".[3]

2. Más allá de la propia experiencia de Pablo, este apóstol presenta mucha evidencia adicional de la afirmación de que Jesús se había aparecido a sus primeros seguidores. Esencialmente, todos los investigadores académicos están de acuerdo en que en la Primera Carta a los Corintios 15:3-8, Pablo registra una(s) antigua(s) tradición(es) oral(es) que resume(n) el contenido del evangelio cristiano. Jesús el Cristo murió por el pecado humano, fue sepultado y resucitado de los muertos, apareciéndose posteriormente tanto a individuos en particular como a grupos de testigos. Mientras Pablo ponía por escrito las palabras, deja claro que este material no era suyo, sino que él, años atrás (1 Cor. 15:1-2), les había transmitido a sus oyentes lo que había recibido de otros, el mismo corazón de su mensaje (1 Cor. 15:3). Si estuviera escribiendo hoy, ¡quizás habría añadido la referencia bibliográfica de su fuente! Así que su testimonio es en realidad anterior en algunos años a la redacción de *1 Corintios*. Reginald Fuller apunta al acuerdo académico en este punto: "De manera casi universal, hoy hay un consenso en que Pablo está citando aquí una tradición".[4]

Por lo tanto, Pablo está proporcionando una indicación explícita de que había comunicado a su audiencia lo que primeramente él había recibido de otros (1 Cor. 15:3), expresión que viene a equivaler a la transmisión a otros de tradiciones rabínicas (*cf.* 1 Cor. 11:23). Además de esta clara declaración de sus acciones, existen otros muchos indicios de que esto fue exactamente lo que ocurrió. La estructura sintáctica oracional, el tono, el paralelismo verbal, la triple secuencia de "y que", como también la presencia de varias palabras no paulinas, los nombres propios de Cefas

3 Michael Martin, *The Case Against Christianity* (Philadelphia: Temple University Press), p. 81.
4 Reginald Fuller, *The Formation of the Resurrection Narratives* (New York: Macmillan, 1980), p. 10.

(*cf* Luc. 24:34) y Jacobo, y los indicios de que puede haber existido un original arameo, todo ello apunta claramente a que esta tradición es prepaulina. Los investigadores expertos están de acuerdo en que Pablo la recibió de otros.[5]

La interpretación más extendida entre los expertos es que Pablo primeramente recibió este material muy temprano cuando visitó Jerusalén justo tres años después de su conversión. Visitó a Pedro y a Jacobo, el hermano de Jesús (Gál. 1:18-19), los cuales se incluyen en la relación de testigos oculares de Jesús resucitado (1 Cor. 15:5,7).

Más eficaz evidencia con la que avalar esta conclusión proviene del uso que Pablo hace del verbo *historesai* en Gálatas 1:18, el cual no suele quedar traducido de una manera muy útil en la lengua inglesa. El vocablo griego indica que Pablo visitó a Pedro con el objetivo de investigar un asunto particular. El contexto inmediato nos revela cuál es este asunto: la cuestión que Pablo quería tratar era la de cerciorarse de la naturaleza del mensaje del evangelio (Gál. 1:11-2:10). Y la resurrección de Jesús era el enfoque del mensaje del evangelio (1 Cor. 15:3-4; Gál. 1:11, 16). Sin ella, vana es la fe (1 Cor. 15:14,17).

Los expertos investigadores suelen admitir que esta(s) tradición(es) prepaulina(s) se originó en una fecha excepcionalmente temprana. Para Ulrich Wilckens, este contenido "indudablemente se remonta a la fase más antigua de todas en la historia del cristianismo primitivo".[6] Walter Kasper incluso considera que este "antiguo texto" posiblemente "ya era utilizado hacia finales del año 30 d. C."[7]

Quizás de una manera sorprendente, los escépticos suelen incluso estar de acuerdo. El escéptico Gerd Lüdemann señala que "los elementos de la tradición deben ser datados hacia los primeros dos años posteriores a la crucifixión de Jesús [...] no después de tres años. [...] *La formación*

5 De la multitud de publicaciones sobre este asunto, las siguientes se encuentran entre las más útiles: Fuller, *The Formation of the Resurrection Narratives*, pp. 10-11; Pinchas Lapide, *The Resurrection of Jesus: A Jewish Perspective* (Minneapolis: Augsberg, 1983), pp. 97-99; John Kloppenborg, *"An Analysis of the Pre-Pauline Formula in 1 Corinthians 15:3b-5 in Light of Some Recent Literature"*, Catholic Biblical Quaterly 40 (1978), pp. 351, 360; John P. Meier, *A Marginal Jew*, vol. 2, *Mentor, Message and Miracle* (New York: Doubleday, 1994), p. 139; Sanders, *The Historical Figure of Jesus*, p. 277.

6 Ulrich Wilckens, *Resurrection: Biblical Testimony to the Resurrection: An Historical Examination and Explanation* (Edinburgh: St. Andrew Press, 1977), p. 2.

7 Walter Kaspar, *Jesus the Christ*, trad. por V. Green (Mahwah, N.J.: Paulist, 1976), p. 125.

de las tradiciones acerca de las apariciones de Jesús mencionadas en 1 Cor. 15:3-8 recae en el margen que va entre los años 30 y 33 de la era cristiana".[8] El filósofo Thomas Sheehan considera que esta fórmula prepaulina "probablemente se remonta por lo menos al espacio comprendido entre los años 32 al 34 de la era cristiana, esto es, entre los dos y los cuatro años posteriores a la crucifixión".[9] Michael Goulder sostiene que este reportaje relativo a la noticia de la resurrección "se remonta al menos a la enseñanza que Pablo recibió cuando se convirtió, un par de años después de la crucifixión".[10]

Otros escépticos no suelen ser tan cautos a la hora de expresar su acuerdo.[11] De hecho, la mayoría de los investigadores expertos que data estos acontecimientos concluye que Pablo recibió este material apenas dentro de los pocos años posteriores a la muerte de Jesús, al principio de la mitad de la década de los 30.[12] Posteriormente, veremos de qué manera la existencia y las circunstancias de una fecha tan temprana se traducen en el testimonio, aparte del proporcionado por Pablo, de otros testigos oculares.

3. Pablo fue excepcionalmente cuidadoso a la hora de cerciorarse del contenido del mensaje del evangelio, que se centraba en la resurrección. Para hacerlo así, realizó un segundo viaje a Jerusalén con el propósito específico de someter a examen su predicación del mensaje del evangelio (Gál. 2:1-10). Sorprendentemente, alude a su temor de que quizás hubiera

---

8 Gerd Lüdemann, *The Resurrection of Jesus*, trad. por John Bowden (Minneapolis: Fortress, 1994), p. 38 (el énfasis es de Lüdemann).

9 Thomas Sheehan, *The First Coming: How the Kingdom of God Became Christianity* (New York: Random, 1986), p. 118; cf. pp. 110-11.

10 Michael Goulder, "The Baseless Fabric of a Vision", en: Gavin D'Costa (ed.), *Resurrection Reconsidered* (Oxford: Oneworld, 1996), p. 48.

11 Para dar solo dos ejemplos, vease Robert Funk, Roy W. Hoover y el Jesus Seminar, *The Five Gospels* (New York: Macmillan, 1993), p. 24; Jack Kent, *The Psychological Origins of the Resurrection Myth* (London: Open Gate, 1999), pp. 16-17; A. J. M. Wedderburn, *Beyond Resurrection* (Peabody, Mass.: Hendrickson, 1999), p. 274 n. 265; G. A. Wells, *Did Jesus Exist?* (London: Pemberton, 1986), p. 30.

12 Entre algunos de los otros expertos que están de acuerdo con esto, se incluyen: Fuller, *The Formation of the Resurrection Narratives*, pp. 10, 14, 48; Raymond Brown, *The Virginal Conception and Bodily Resurrection of Jesus* (New York: Paulist, 1973), p. 81; J. A. Fitzmyer, "The Resurrection of Jesus Christ According to the New Testament", The Month, SNS, 20 (1987), p. 409; J. D. G. Dunn, *The Evidence for Jesus* (Louisville, Ky.: Westminster, 1985), p. 70; C. E. B. Cranfield, "The Resurrection of Jesus Christ", Expository Times 101 (1990), p. 169; Peter Stuhlmacher, *Jesus of Nazareth–Christ of Faith,* trad. de Siegfried Shatzmann (Peabody, Mass.: Hendrickson, 1993), p. 8; Leander E. Keck, *Who is Jesus? History in Perfect Tense* (Columbia: University of South Carolina, 2000), p. 139; Meier, *A Marginal Jew,* vol. 2, *Mentor, Message and Miracle,* p. 139.

estado predicando un mensaje equivocado (Gál. 2:2). Algunos piensan que Hechos 15:1-35 describe un sorprendente tercer viaje a Jerusalén, con el objetivo de hacer lo mismo.[13] De manera obvia, ¡Pablo deseaba estar absolutamente seguro de la verdad del evangelio! Y además, Pablo dedicó todo su interés a plantear sus preguntas a las autoridades competentes –los principales apóstoles. En su viaje inicial, se reunió con Pedro y con Jacobo, el hermano de Jesús (Gál. 2:9). Martin Hengel señala que "evidentemente la tradición de 1 Cor. 15:3 había sido sometida" por parte de Pablo "a muchos exámenes".[14]

Es fácil que la importancia de estas reuniones pase inadvertida ante nuestros ojos. Los cuatro hombres que se reunieron juntos en la última ocasión eran verdaderamente los apóstoles principales de la iglesia primitiva, y cada uno había sido testigo ocular de los actos de aparición de Jesús correspondientes a su resurrección (1 Cor. 15:5-7). Por lo tanto, cuando Pablo recibió la confirmación, por parte de Pedro, Jacobo y Juan, de que el evangelio que él predicaba era correcto (Gál. 2:9; cf. Hechos 15:23-35), por parte de estos, recibimos la garantía de que el mensaje de Pablo de los actos de aparición de Jesús concordaba con las propias experiencias de ellos. Ciertamente, si pensaran que Pablo erraba en cuanto al acontecimiento central del evangelio, esto habría provocado graves problemas, en especial debido a la preocupación apostólica por garantizar la verdad doctrinal en la iglesia primitiva.

De modo que Pablo proporciona más que su propio testimonio ocular, como en el punto 1 anterior. A lo largo de sus viajes para entrevistarse con los tres veteranos apóstoles en Jerusalén, Pablo obtuvo la aprobación tras haber examinado estos la proclamación paulina del evangelio. La bendición que esos veteranos apóstoles dispensaron implica el testimonio ocular de los mismos relativo a las apariciones correspondientes a la resurrección de Jesús, puesto que también ellos habían tenido experiencias con Jesús resucitado. Aquí nos encontramos a sólo un paso de distancia de los testimonios oculares adicionales.

---

13 Otros sostienen que el registro de Hechos 15 confirma la misma reunión a la que Gál. 2:1-10 alude.

14 Martin Hengel, *The Atonement: The Origins of the Doctrine in the New Testament*, trad. de John Bowden (Philadelphia: Fortress, 1981), p. 38.

4. Los otros apóstoles no solo confirmaron el mensaje del evangelio que Pablo tenía, sino que también nos encontramos con un testimonio en la dirección inversa. Después de enumerar en su lista los actos de aparición de la resurrección, Pablo explica que él tenía conocimiento de lo que los otros apóstoles estaban predicando acerca de este asunto y que era idéntico a lo que él enseñaba acerca de los actos de aparición de Jesús (1 Cor. 15:11). Juntos, proclamaban a Jesús resucitado (1 Cor. 15:12, 15). Así que tenemos tanto la confirmación apostólica indirecta antes mencionada del mensaje del evangelio expuesto por Pablo y que procede de los líderes apostólicos, como también la aprobación, procedente de Pablo y de un modo más directo, del mensaje de aquellos acerca de la resurrección.

5. Las claves de las más tempranas predicaciones de la resurrección no solo se extraen de la noticia prepaulina recogida en 1 Corintios 15. Otros textos tempranos con carácter de credos que se encuentran en el Nuevo Testamento también nos sirven de focos de luz para entender el testimonio apostólico de los actos de aparición correspondientes a la resurrección. El libro de Hechos incorpora muchas de estas tradiciones tempranas que se encuentran en las predicaciones que allí se recogen.[15] Aunque de manera no tan unánime como en el caso del credo (o de los credos) de 1 Corintios 15:3-8, la mayoría de los expertos investigadores todavía sostiene que al menos algunas de estas pequeñas unidades representan la más temprana predicación del evangelio cristiano.[16] Al igual que otras tradiciones tempranas, se las identifica por su brevedad, ausencia de complejidad teológica, y porque la estructura, el estilo y/o el tono reflejan patrones idiomáticos que son distintos a los del autor. Y

15 Los segmentos con carácter de credos se encuentran integrados en varias predicaciones de Hechos: Hechos 1:21-22; 2:22-36; 3:13-16; 4:8-10; 5:29-32; 10:39-43; 13:28-31; 17:1-3; 17:30-31; cf. Lc. 24:34.

16 Aunque solo sea una pequeña enumeración de estos expertos, véase Gerd Lüdemann, *Early Christianity According to the Traditions in Acts: A Commentary*, trad. por John Bowden (Minneapolis: Fortress, 1989), pp. 47-49, 112-15; Hengel, *The Atonement*, p. 34; Pheme Perkings, *Resurrection: New Testament Witness and Contemporary Reflection* (Garden City, N.Y.: Doubleday, 1984), pp. 90, 228-31; Raymond E. Brown, *An Introduction to New Testament Christology* (Mahwah, N.J.: Paulist, 1994), pp. 112-13, 164; Fuller, *The Formation of the Resurrection Narratives*, pp. 44-45; Kloppenborg, p. 361; Johnson, *Living Jesus: Learning the Heart of the Gospel* (San Francisco: Harper Collins, 1999), p. 34; aunque son estudios más antiguos, dos de los mejores son el de C. H. Dodd, *The Apostolic Preaching and Its Developments* (reimpresión, Grand Rapids, Mich.: Baker, 1980), pp. 17-31, y el de Max Wilcox, *The Semitisms of Acts* (Oxford: Clarendon, 1965), especialmente pp. 79-80, 164-65.

el factor crucial para nuestros propósitos es que Jesús resucitado es el centro de cada una de estas tradiciones.

Estos credos de Hechos nos podrían abrir una ventana al antiguo mundo de la predicación apostólica con anterioridad a que se escribiera cualquier libro del Nuevo Testamento. John Drane piensa que estas predicaciones de Hechos son nuestra "evidencia más temprana" de la resurrección de Jesús y que este material "casi con completa certeza, se remonta al tiempo inmediatamente posterior a la proclamación de que el acontecimiento de la resurrección había sucedido [...] Pero no puede haber ninguna duda de que en los primeros capítulos de Hechos su autor ha preservado un material proveniente de fuentes muy tempranas".[17] Gerald O'Collins concluye de manera más específica que Hechos "incorpora fórmulas de la resurrección que se remontan a la década de los treinta".[18]

6. Hemos estado tratando la cuestión del testimonio apostólico más temprano acerca de los actos de aparición de Jesús correspondientes a la resurrección. Los expertos investigadores escasas veces ponen en duda que Jacobo, el hermano de Jesús, no creía y probablemente se mostró escéptico durante el ministerio público de su hermano (Mc. 13:21-35; Jn. 7:5). Y luego, sólo unos pocos años después, Jacobo es el pastor de la iglesia de Jerusalén, donde Pablo lo halla al realizar este sus dos visitas (Gál. 1:18-19; 2:1-10; cf. Hechos 15:13-21). Situado en medio, el temprano credo prepaulino de 1 Corintios 15:7 indica que Jacobo se encontró con Jesús resucitado. ¡Muy bien se puede uno imaginar el resultado!

Aunque a primera vista puede parecer que no hay aquí muchos datos textuales, los investigadores expertos hallan al menos tres razones principales por las que concluir que Jacobo no era creyente antes de encontrarse con Jesús resucitado. John Meier plantea bien esta cuestión. La incredulidad de Jacobo está confirmada por múltiples fuentes independientes.[19] Además, el criterio de coherencia queda aquí satisfecho por el hecho de que Jesús exigió frecuentemente que sus discípulos

17 John Drane, *Introducing the New Testament* (San Francisco: Harper and Row, 1986), p. 99.
18 Gerald O'Collins, *Interpreting Jesus* (London: Geoffrey Chapman, 1983), pp. 109-10.
19 *El Jesus Seminar* incluso considera que dos fuentes independientes indican que una enseñanza puede ser más antigua que su fuente. Véase, Funk, Hoover y el Jesus Seminar, *The Five Gospels*, p. 26.

estuvieran dispuestos a dejar atrás a sus familias y seguirle, incluso en el caso en que esto produjera ira por parte de los familiares, como ocurrió con la propia familia de Jesús. El criterio de vergüenza probablemente proporciona la razón más fuerte aquí, ya que es altamente improbable que los autores de la temprana iglesia pusieran por escrito comentarios que potencialmente pudieran ser "profundamente ofensivos" en referencia a una persona que era al mismo tiempo un apreciado líder y el propio hermano de Jesús, a menos que pensaran que estaban refiriendo hechos.

Fuller concluye que incluso si el credo prepaulino de 1 Corintios 15:7 nunca hubiera sido registrado, "tendríamos que inventarnos" un acto de aparición a Jacobo para justificar tanto su conversión como su promoción al pastorado de Jerusalén, ¡la más numerosa de las primeras comunidades eclesiales![20] La mayoría de los expertos, incluyendo muchos escépticos, están de acuerdo en que Jacobo se convirtió mediante el acto de aparición de Jesús que le fue concedido atestiguar.[21]

7. Si la tumba donde fue colocado Jesús se encontró después vacía, esto no prueba que ha ocurrido una resurrección. Sin embargo, ofrece más credibilidad a la vindicación apostólica de haber visto a Jesús resucitado, ya que esto por una parte complica seriamente la búsqueda de una hipótesis de corte naturalista, y también indica que lo que ocurrió tuvo muy probablemente que ver con el cuerpo de Jesús.

Hay bastantes razones, holgadamente más de una docena, que respaldan la tumba vacía de Jesús, si bien sólo algunas de ellas serán las que mencionaremos aquí. Los Evangelios están completamente de acuerdo en que los primeros testigos de la tumba vacía fueron mujeres, una referencia sencillamente notable dado que el testimonio presentado por mujeres de manera general no era permitido en un tribunal para declaraciones acerca de cuestiones cruciales. Por tanto, inventarse esta

20 Fuller, *The Formation of the Resurrection Narratives*, p. 37.

21 Por ejemplo, véase Lüdemann, *The Resurrection of Jesus*, p. 109; Helmut Koester, *History & Literature of Early Christianity*, vol. 2 de *Introduction to the New Testament* (Philadelphia: Fortress, 1982), p. 84; John Shelby Spong, *The Easter Moment* (San Francisco: Harper and Row, 1987), p. 68; Wedderburn, *Beyond Resurrection*, p. 116; Funk, *Honest to Jesus* (San Francisco: Harper Collins, 1996), p. 33; Meier, *A Marginal Jew*, vol. 2, Mentor, *Message and Miracle*, pp. 70-71; Peter Stuhlmacher, "The Resurrection of Jesus and the Resurrection of the Dead", Jonathan M. Whitlock (trad.), *Ex Auditu* 9 (1993), p. 49; E. P. Sanders, "But Did it Happen?", *The Spectator* 276 (1996), p. 17.

historia con unos testigos centrales que son mujeres, lo más probable es que recibiera un sobreseimiento sin dar la oportunidad de explicarse a las testigos. Esta referencia solo cobra sentido en el caso de que refleje lo que realmente ocurrió. Jerusalén es absolutamente el último lugar de la tierra en el que los discípulos de Jesús proclamarían que él había sido resucitado, a menos que su tumba estuviera vacía. De lo contrario, una caminata de reconocimiento durante la tarde del domingo indicaría que la piedra todavía estaba en su lugar, dando a conocer el error de tal anuncio.

Estos reportajes acerca de la tumba vacía reciben una sorprendente corroboración de parte de múltiples fuentes que se encuentran en casi cada una de las fuentes evangélicas. Paul Maier, experto en Historia Antigua, indica que: "Muchos hechos de la Antigüedad se sustentan sobre la base de solo una fuente antigua, mientras que dos o tres fuentes que concuerden generalmente acaban estableciendo el hecho de manera irreprochable".[22]

El temprano credo prepaulino de 1 Corintios 15:3-4 implica por lo menos una tumba vacía. La secuencia que se contiene en la locución "y que", repetida tres veces, especialmente para un judío, da a entender que si Jesús murió, fue sepultado, resucitó e hizo actos de aparición, entonces, el que había muerto fue colocado en la tierra y luego se levantó. En tal caso, la tumba habría quedado vacía. El texto que puede ser otro credo temprano (Hechos 13:29-31, 36-37) indica incluso más claramente que Jesús fue sepultado en una tumba, resucitó e hizo actos de aparición.

Los líderes judíos no solo no cuestionaron la tumba vacía, sino que la respuesta que dieron, según se nos informa, incluso la reconoce. De modo que el atestado rival también respalda la tumba vacía.

Aunque de una manera no tan unánime como en el caso de las otras razones históricas que se han aducido para las experiencias de los discípulos, la mayoría de los investigadores expertos todavía considera que la tumba donde Jesús fue sepultado fue hallada vacía posteriormente.[23] J. D. G. Dunn señala firmemente: "Me veo prácticamente forzado a decirlo:

---

22 Paul Maier, *In the Fulness of Time: A Historian Looks at Christmas, Easter and the Early Church* (San Francisco: Harper Collins, 1991), p. 197.

23 Mi estudio de cientos de obras especializadas en la resurrección, citado más arriba, refleja casi dos docenas de argumentos a favor de la tumba vacía. Un 75 por ciento de los expertos consultados apoya uno o dos de los argumentos a su favor.

a tenor de las probabilidades, la tumba estaba vacía. En el marco de una reconstrucción histórica en toda regla, el peso de la evidencia apunta firmemente a esta conclusión." Todas las explicaciones alternativas resultan peores.[24] El historiador Michael Grant explica que "el historiador [...] no puede hallar una manera justificada para negar la tumba vacía" ya que los criterios historiográficos normales atestiguan que "la evidencia es lo suficientemente firme y plausible para exigir la conclusión de que la tumba fue hallada vacía".[25]

8. Finalmente, no hay duda del hecho de que la convicción de los discípulos de que verdaderamente habían visto a Jesús tras su muerte les llevó a una transformación radical de sus vidas, incluso hasta el punto de estar dispuestos a morir por su fe. Pero como la pregunta acerca del grado de singularidad de este aspecto será objeto del principal propósito de la segunda sección del presente trabajo, no nos extenderemos aquí en este punto.

Hemos enumerado ocho razones distintas que indican por qué los eruditos contemporáneos casi sin excepción concluyen que los discípulos estaban verdaderamente convencidos de que Jesús se les había presentado vivo después de haber muerto en la cruz. El testimonio ocular de la experiencia de Pablo, la fecha excepcionalmente temprana en la que él recibió el(los) cred(os) registrado(s) en 1 Corintios 15:3-8, el ir a asegurarse de su propio mensaje del Evangelio al menos dos veces comparándolo con los principales apóstoles que también eran testigos, y su conocimiento de la enseñanza de estos sobre los actos de aparición correspondientes a la resurrección forman un conjunto verdaderamente pasmoso de indicios interconectados, virtualmente inaudito en los documentos de la Antigüedad. El eminente erudito Howard Clark Kee señala la asombrosa afirmación de que la investigación realizada por Pablo "puede ser examinada críticamente y comparada con otros testimonios de parte de testigos oculares de Jesús, del mismo modo que uno evaluaría la

24 Dunn, *The Evidence for Jesus,* p. 68.

25 Michael Grant, Jesus: *An Historian's Review of the Gospels* (New York: Collier, 1992), p. 176. Se puede consultar un tratamiento excelente de argumentos adicionales a favor de la tumba vacía en William Lane Craig, "The Historicity of the Empty Tomb of Jesus", *New Testament Studies* 31 (1985): 39-67.

evidencia en un moderno tribunal judicial o académico".[26]

Además, otros testimonios, con carácter de credos como los de Hechos, la conversión de Jacobo el escéptico, la tumba vacía y la transformación de los discípulos, todos estos factores proporcionan un respaldo a la circunstancia de que los discípulos estaban profundamente convencidos de que habían visto a Jesús resucitado. Se pueden mencionar factores adicionales. Por ejemplo, la centralidad del mensaje de la resurrección en la temprana iglesia proporcionó una amplia oportunidad a los creyentes para concentrarse repetidamente en la verdad del mensaje por el que estaban preparados para morir, y así murieron, a tenor de lo que sabemos, sin retractarse o verse refutados. Y en particular, los líderes judíos tenían no solo la intención sino también el poder de oponerse a un mensaje que amenazaba la existencia de estos y sin embargo volvieron con las manos vacías.[27]

Ninguna otra hipótesis llega tan siquiera a rivalizar de manera viable con la conclusión de que los primeros discípulos por lo menos estuvieron convencidos de haber sido testigos de los actos de aparición de Jesús después de que él muriera. Pero ¿podemos avanzar, de algún modo, desde el hecho histórico reconocido de que los discípulos creyeron esto, al hecho de que hayan visto verdaderamente a Jesús resucitado? Realizar este avance bien podría constituir el aspecto más crucial para un argumento historiográfico a favor de los actos de aparición de Jesús correspondientes a la resurrección.

Del convencimiento al acontecimiento. Cada una de las ocho razones arriba expuestas apunta a la convicción de que Jesús, después de su muerte, fue visto de nuevo. Es decir, la afirmación sobre la que virtualmente todos los eruditos coinciden es una afirmación visual. Los discípulos estaban seguros de que la persona de Jesús había penetrado en su campo visual. Esto es lo que Pablo defendió. Pedro coincidía. E igualmente Jacobo, el hermano de Jesús. Además, la tumba ya no estaba

26 Howard Clark Kee, *What Can We Know about Jesus?* (Cambridge: Cambridge University Press, 1990), pp. 1-2.

27 Para consultar los detalles de estas dos razones adicionales, así como mucha información acerca de los ocho argumentos anteriores y que se ajusta bien a los hechos y al consenso de los especialistas, véase Gary R. Habermas, *The Risen Jesus and Future Hope* (Lanham, Md.: Rowman and Littlefield, 2003), cap. 1.

ocupada por su cuerpo. Como resultado, fueron cambiados para siempre.

Incluso los eruditos escépticos recientes coinciden en esto. Koester afirma que "Estamos ante un fundamento bastante más firme con respecto a las apariciones del Jesús resucitado y su efecto." Estas apariciones "no pueden ser cuestionadas muy fácilmente".[28] Bart Ehrman indica que "podemos decir con una completa seguridad que algunos de sus discípulos en un tiempo algo posterior insistieron en que él se les apareció pronto [...] Los historiadores, por supuesto, no tienen ninguna dificultad para hablar acerca de la creencia en la resurrección de Jesús, ya que este es un asunto de conocimiento público".[29] Traugott Holtz concluye que la "experiencia" de los discípulos "de la resurrección [...] es de hecho un acontecimiento histórico innegable".[30] Lüdemann incluso nos recuerda que el lenguaje de Pablo acerca de la resurrección es el lenguaje del auténtico sentido de la vista: "percepción activa sensorial [...] Pablo está afirmando un aspecto visual de la aparición".[31] Y es más, Pablo estaba enseñando que Jesús hizo acto de aparición en su "transformada corporalidad espiritual de la resurrección".[32]

Parece claro, por tanto, que los discípulos de Jesús estaban profundamente convencidos de que él se les había presentado vivo después de su muerte. Por parte de virtualmente todos los investigadores expertos, esto es algo aceptado, dado que los datos cuentan con una fuerza extraordinaria. Pero ¿cómo se llega desde la convicción de los discípulos acerca de la resurrección, al *acontecimiento* de la resurrección, es decir, a los actos reales de aparición de Jesús resucitado?

Esto puede parecer una pregunta bastante simple y directa, y sin embargo puede resultar un tanto resbaladiza. Los creyentes pensarían, presumiblemente, que estaría bastante justificada en su afirmación de que razones como las que arriba hemos expuesto confirman su posición. Después de todo, cada una de las evidencias apunta a un acontecimiento

---

28 Koester, *History and Literature*, p. 84.

29 Bart Ehrman, *Jesus: Apocalyptic Prophet of the New Millennium* (New York: Oxford University Press, 1999), pp. 230-31.

30 La traducción del alemán es mía: Traugott Holtz, "Kenntnis von Jesus und Kenntnis Jesu", *Theologische Literaturzeitung* 104 (1979), p. 10.

31 Lüdemann, *The Resurrection of Jesus*, p. 50; cf. p. 37.

32 Gerd Lüdemann, *What Really Happened to Jesus: A Historical Approach to the Resurrection,* con Alf Özen, trad. por John Bowden (Louisville, Ky.: Westminster John Knox, 1995), p. 103.

visual que cambió las vidas de los discípulos, los cuales estaban profundamente convencidos de que se trataba del acto de aparición de su mejor amigo.

En principio, los no creyentes tendrían que responder impugnando la conexión entre lo que los discípulos pensaron y lo que realmente ocurrió. Con este objetivo, podrían moverse en dos direcciones, mediante una respuesta indirecta o directa a la argumentación que aquí hemos esbozado.

Inicialmente, quizás intenten realizar una maniobra indirecta mediante la presentación de distintas objeciones apriorísticas,[33] afirmando simplemente, con independencia de lo que indiquen los datos, que Jesús no se levantó de los muertos. Sencillamente, se trataría de que este tipo de acontecimientos milagrosos no ocurre en nuestro mundo. Estas respuestas filosóficas nos alejan demasiado de nuestro estudio de la resurrección de Jesús, especialmente por el hecho de que tales objeciones no tienen ninguna relación con el acontecimiento en particular. Normalmente, suelen plantear preguntas más generales con respecto a los elementos que garantizan la información o la naturaleza misma de la evidencia, dos áreas en las que la resurrección cuenta con un excelente caudal.[34]

También, otro movimiento indirecto es responder con la alegación agnóstica de que no sabemos lo que ocurrió. Los discípulos verdaderamente creyeron que habían visto a Jesús, pero nosotros no podemos establecer la causa.

Este tipo de acercamiento que se sitúa entre dos aguas es muy difícil de mantener, dado que uno tendrá que lograr sortear la influencia de muchas consideraciones de carácter fáctico, y cada una de ellas puede producir un desequilibrio en la tesis inicial. Habrán de bastar aquí unos cuantos problemas mencionados de manera general y sucinta. (1) La posición

33 Quizás debamos apuntar aquí que no todas las preguntas apriorísticas han de ser descartadas, de manera automática, considerándolas inconsistentes. Algunos preguntan, de distintas maneras, si es posible postular de antemano una razón que justifique dudar de ciertos acontecimientos.

34 Para las distinciones entre los tipos diferentes de argumentos apriorísticos, amén de una detallada respuesta a algunos ejemplos específicos, véase Gary R. Habermas y Michael Licona, *The Case for the Resurrection of Jesus* (Grand Rapids, Mich.: Kregel, 2004), cap. 9. Para un tratamiento más técnico, véase Habermas, *The Risen Jesus and Future Hope,* especialmente el cap. 2.

agnóstica yerra al rechazar la posibilidad de una resurrección antes de seguir el curso de la evidencia hasta su conclusión o también yerra al mostrar reparos hacia la posibilidad de que la discusión pueda desembocar en la veracidad del cristianismo.[35] (2) Afirmar que no podemos descubrir una causa relativa a la fe de los discípulos queda eximida, por lo que presupone, de la responsabilidad de proporcionar pruebas a este mismo planteamiento. Pero ¿sobré qué base podría emitirse esta afirmación?

De manera más crucial (3), ya disponemos de abundante evidencia para dirimir la cuestión, *especialmente* por el hecho de que hemos usado solo aquellos datos que virtualmente aceptan todos los investigadores expertos. De modo que los críticos no deberían rechazar o mitigar el alcance de los resultados que su propia práctica investigadora indica.[36] (4) La objeción no presenta ninguna impugnación de estos datos específicos de la resurrección, de modo que los creyentes tienen razones más que suficientes por las que afirmar su convicción a la luz de las muchas evidencias con que cuenta este acontecimiento.

Nuestro planteamiento metodológico general es aplicable a esta posición agnóstica. A lo largo del presente estudio, hemos utilizado datos que son reconocidos por virtualmente todos los eruditos. Estos mismos pequeños factores históricos, aceptados incluso por los agnósticos, indican claramente que a los discípulos de Jesús les ocurrió más que un algo indefinido. Ya apuntamos antes que toda la evidencia respalda una vindicación de tipo visual –los discípulos creyeron que habían visto a Jesús después de su muerte. Al no poder presentar explicaciones viables para la mayoría de los hechos reconocidos que incluso ellos aceptan de manera general, como los ocho antes mencionados, a los agnósticos les pasa desapercibida la causa de las experiencias de los discípulos. Pero es insuficiente detenerse ahí y negarse a seguir investigando. Lo que no pueden explicar puede ser precisamente el conjunto de los datos que sí pueden confirmar que las apariciones de la resurrección son la explicación

35 Para consultar los detalles acerca de cómo la resurrección de Jesús y otra información relevante conducen a un poderoso argumento a favor del cristianismo, véase Habermas, *The Risen Jesus and Future Hope,* caps. 1-6. Un acercamiento más divulgativo se encuentra en Gary R. Habermas, "Evidential Apologetics", en *Five Views on Apologetics*, Stephen B. Cowan (ed.) (Grand Rapids, Mich.: Zondervan, 2000).

36 Para consultar comentarios adicionales acerca de cómo estas consideraciones metodológicas utilizadas por investigadores expertos conducen a la historicidad de la resurrección, véase especialmente Habermas, *The Risen Jesus and Future Hope,* cap. 1.

más probable, como se indica abajo. Pues como indica Fuller, lo que sabemos "por tanto exige que el historiador postule algún otro evento" además del de la fe de los discípulos. Debemos establecer "la causa de la fe de Pascua [...] fuera del ámbito de su convicción".[37]

Precisamente con el propósito de dar cuenta directa de estos hechos, el acercamiento que a lo largo de los siglos ha sido el más popular ha sido el de presentar una teoría naturalista como explicación de los datos. Tal movimiento intenta básicamente aceptar los hechos históricos cuando la evidencia es más fuerte, al tiempo que intenta reconducir la dirección en un sentido natural antes de que sobrevenga el clímax del proceso investigador que tiene que ver con la resurrección. Aquí, tienen ellos que proponer un escenario alternativo: "Jesús en realidad no resucitó de los muertos. Lo que realmente ocurrió fue ... (rellenar este espacio)".

Sin embargo, probablemente este es el método más difícil de todos. De hecho, al tener que enfrentarse a esta opción, la mayoría de los investigadores expertos se abstiene de consignar opción alguna. A menudo, son muy conscientes de que, cuando se elige una opción, el peso de los hechos históricos conocidos vendrá a descargarse completamente sobre la propuesta que acaban de presentar. De hecho, son tan conscientes de esta eventualidad, que solo unos pocos intentan exponerse a ella. Incluso entre los eruditos, se acepta, de manera general, que no funciona ninguna de estas opciones.

Por ejemplo, Raymond E. Brown denomina estas tesis "acusaciones gratuitas".[38] Dunn concluye: "las interpretaciones alternativas de los datos no son capaces de proporcionar una explicación más satisfactoria" que la de la resurrección.[39] Davis responde: "Todas las hipótesis alternativas que conozco son históricamente débiles; algunas lo son tanto que se desploman por su propio peso tan pronto como son pronunciadas [...] Las teorías alternativas que han sido propuestas no solo son más débiles, sino mucho más frágiles a la hora de explicar la evidencia histórica de

37 Fuller, *The Formation of the Resurrection Narratives*, pp. 169, 181.
38 Brown, *An Introduction to New Testament Christology*, p. 163; cf. pp. 163-67.
39 Dunn, *The Evidence for Jesus*, p. 76. Otro testimonio similar, y más reciente es el de N. T. Wright, "Christian Origins and the Resurrection of Jesus: The Resurrection of Jesus as an Historical Problem", *Sewanee Theological Review* 41 (1998): 118-22.

que disponemos".[40] Robinson apunta que "verdaderamente es muy difícil hacer caso omiso [de los actos de aparición de Jesús] y encontrar todavía una explicación creíble".[41]

Dado que el escéptico tendrá que dar cuenta del hecho de que los discípulos estaban seguros de que habían visto a Jesús resucitado, la respuesta naturalista más popular (aunque se trata de una contestación que realmente está en minoría) es sugerir que ellos vieron alucinaciones. Es imposible consignar en este capítulo una crítica detallada, pero sí podemos proporcionar una lista de algunos de los incontables problemas que esta respuesta provoca.[42]

Por ejemplo, (1) las alucinaciones son experiencias privadas, mientras que claramente nos hallamos ante razones poderosas por las que afirmar que grupos de personas afirmaron haber visto a Jesús. (2) La desesperación de los discípulos indica que no estaban en un estado mental como para ver alucinaciones. (3) Quizás el problema más serio es que hubo un número demasiado elevado de ocasiones, emplazamientos y personalidades diferentes que tuvieron que ver con estos actos de aparición. Creer que con cada una de estas múltiples personas y circunstancias ocurriera cada vez una alucinación particular es una hipótesis rayana en la credulidad. (4) Además, según esta postura, ¡el cuerpo de Jesús aún debió de poder ser localizado, sin ningún problema, en el sepulcro! Las alucinaciones rara vez redundan en vidas transformadas, pero no tenemos noticia de que ninguno de los testigos oculares se retractara de su fe. Dos problemas inmensos son las conversiones tanto de (6) Pablo como de (7) Jacobo, ninguno de los cuales tuvo deseos de ver a Jesús. Este es solo un conjunto muy reducido de los serios interrogantes que surgen para esta visión alternativa. Todas las demás hipótesis naturales, de manera similar han resultado faltas de fundamento.[43]

40 Stephen T. Davis, "Is Belief in the Resurrection Rational?" *Philo* 2 (1999): 57-58.

41 J. A. T. Robinson, *Can We Trust the New Testament?* (Grand Rapids, Mich.: Eerdmans, 1977), p. 124.

42 Para un estudio de las últimas tendencias, más una crítica detallada, véase Gary R. Habermas, "Explaining Away Jesus' Resurrection: The Recent Revival of Hallucination Theories", *Christian Research Journal* 23 (2001), pp. 26-31, 47-49.

43 En "Explaining Away Jesus' Resurrection", doy una lista de diecinueve problemas diferentes para las distintas modalidades de la teoría de las alucinaciones. Para un tratamiento de lectura accesible de las otras muchas respuestas naturalistas posibles, véanse las más de cien páginas dedicadas a este asunto en

Ahora estamos en condiciones de sentar un principio general para realizar el avance desde las convicciones de los discípulos a la historicidad de los actos de aparición correspondientes a la resurrección. Las poderosas razones que apoyan las experiencias de los judíos de haber visto a Jesús, en conjunción con el fracaso de las tesis alternativas, incluso desde criterios generales de investigación crítica, indican que la posibilidad que con diferencia es más probable es la de que los discípulos vieron *realmente* a Jesús resucitado. Además, cuanto mayor sea la regularidad con la que las hipótesis naturales fracasan, más probable será la historicidad de los actos de aparición correspondientes a la resurrección. Se puede plantear este principio de manera más breve a la manera de una supuesta ecuación matemática, en clave humorística: partiendo de una determinada explicación razonable, las experiencias de los discípulos, sumadas al fracaso de las alternativas, dan como resultado la historicidad de los actos de aparición de Jesús correspondientes a su resurrección.

Se extrae tal resultado porque, debido al fracaso de las alternativas, el peso abrumador de las evidencias que prueban –de manera tan consistente como cualquier otro elemento del Nuevo Testamento– la veracidad de las experiencias de los discípulos, ahora también se constituye como un abrumador conjunto de evidencias de los actos de aparición correspondientes a la resurrección. Dicho de una manera breve, las experiencias de los discípulos reciben el reconocimiento de lo que fueron en realidad: actos de aparición de Jesús posteriores a su muerte.

LA SINGULARIDAD DE LAS TRANSFORMACIONES DE LOS DISCÍPULOS

En la actualidad, muchos han estado dispuestos a morir por sus convicciones religiosas o incluso políticas. Desde comunistas a cristianos, pasando por musulmanes, estamos perfectamente familiarizados con los ejemplos. Sin embargo, muchos, a lo largo de la historia, también han propagado creencias falsas. ¿Qué es lo que separa a los discípulos de Jesús de los ejemplos de propagación de falsedades? ¿Su transformación tiene algún aspecto singular?

Habermas y Licona, *The Case of the Resurrection of Jesus*, especialmente los capítulos 7-9.

Podemos decir que virtualmente no hay nadie que rechace la realidad de la transformación radical que experimentaron los discípulos. Antes de que Jesús muriera, sus seguidores le abandonaron, e incluso le negaron.[44] Pero después llega el contraste: el resto de sus vidas quedó alterado de manera innegable y radical. Estuvieron dispuestos a morir por su fe, y muchos murieron como mártires.[45] Estas metamorfosis de los discípulos también son visibles a la luz de su ética, evangelismo y otras enseñanzas, reflejadas a lo largo de todo el Nuevo Testamento. Las fuentes extrabíblicas, tanto seculares como cristianas, también exponen estos cambios.[46]

¿A qué se deben estos cambios en los discípulos? El Nuevo Testamento muestra con una claridad meridiana que los actos de aparición correspondientes a la resurrección de Jesús fueron los acontecimientos que mediaron y funcionaron como catalizadores entre su confusión y exaltación. Sobre esto hay un pleno acuerdo en los expertos investigadores. Ben Meyer lo plantea de manera muy clara: "El que fueran las experiencias de la Pascua las que provocaron la transformación [de los discípulos] está más allá de cualquier duda razonable".[47] Hugo Staudinger coincide: "Solo las apariciones de Jesús produjeron un nuevo cambio en su ánimo".[48] N. T. Wright declara: "la primera generación de cristianos [...] anunció y celebró la victoria de Jesús sobre el mal [...] Esa fue la base de su elevado gozo".[49]

Debe admitirse que han ocurrido transformaciones vitales por motivos falsos. Pero yo afirmaría que hay una diferencia *cualitativa* entre lo que ocurrió a los discípulos y lo que hoy vemos. Se acepta que hay un principio

---

44 Algunos ejemplos pueden encontrarse en Mt. 26:56, 69-74; Mc. 14:50, 66-72; Lc. 22:55-72; Jn. 18:25-27.

45 Véase Hechos 2:41-47; 4:1-4, 8-21, 29-31; 5:17-32, 40-42. Acerca de que estaban dispuestos a morir, véase Jn. 21:18-19; Hechos 7:57-60; 12:1-3; 21:13; 25:11; Rom. 14:8; 1 Cor. 15:30-32; 2 Cor. 4:7-14; 11:23-32; Fil. 1:20-24; cf. 2 Ped. 1:13-15. Tenemos referencias tempranas a los martirios de Pedro y de Pablo (*Epístola a los corintios* de Clemente de Roma, 5), y dos testimonios escritos del martirio de Jacobo, el hermano de Jesús (Josefo, *Antigüedades* 20:9:1; Hegesipo *apud* Eusebio, *Historia eclesiástica*, 2:23). Eusebio registra que Jacobo el hermano de Juan, Pedro y Pablo murieron todos por su fe (*Historia eclesiástica* 2:9, 25).

46 Las fuentes seculares se encuentran en Tácito (*Anales* 15.44), el disputado párrafo de Josefo (*Antigüedades* 18.3.3) y en la carta de Mara Bar-Serapión a su hijo (la cual está en el Museo Británico). Los testimonios cristianos están recogidos por Clemente de Roma (en su *Epístola a los corintios*, 42), Ignacio (*Carta a los esmirnenses*, 3) y *Bernabé* (5).

47 Ben Meyer, *The Aims of Jesus* (London: SCM, 1979), p. 60.

48 Hugo Staudinger, "The Resurrection of Jesus Christ as Saving Event and as 'Object' of Historical Research", *Scottish Journal of Theology* 36 (1983), p. 321.

49 N. T. Wright, Jesus and the Victory of God, vol. 2 de *Christian Origins and the Question of God* (Minneapolis: Fortress, 1997), p. 659.

ampliamente aceptado según el cual aquellos que están dispuestos a morir por una causa creen en ella genuinamente. Los discípulos sí sufrieron por su fe en una causa, como todos los demás. Pero aquí es donde terminan las principales similitudes entre los discípulos y los demás.

De manera nítidamente *diferente* de los otros casos, como ya hemos visto en este estudio, los discípulos murieron por algo más que entregar sus vidas por una causa. Ofrecieron sus vidas de manera voluntaria *precisamente porque estaban absolutamente convencidos de que habían visto a Jesús resucitado*. Dicho de manera más breve, sus transformaciones no fueron causadas por una ideología, como los demás, sino que su nueva perspectiva vital se basó de manera explícita en una experiencia personal: su profunda convicción de que habían visto de manera real a Jesús resucitado.

De no haber acontecido su experiencia de la resurrección, no habría habido ninguna transformación, ya que sin este acontecimiento su fe era vana (1 Cor. 15:14, 17). Como argumenta Pablo, vieron realmente a Jesús (1 Cor. 15:1-11) y esto es lo que les confirmó la vida eterna, pues si Jesús había resucitado, entonces ellos resucitarían (1 Cor. 15:17-20). La muerte había perdido su aguijón para con ellos (1 Cor. 15:53-55). Pedro, de manera semejante pero sorprendente, declara que, en virtud de que la resurrección de Jesús aseguraba el cielo, hasta las duras luchas de la vida podrían ser afrontadas con regocijo (1 Ped. 1:3-7).

Piénsalo. Si tu eternidad dependiese de que Jesús haya resucitado de los muertos, ¿qué preferirías tener: una convicción profunda o el hecho de haber visto a Jesús resucitado, sumado a una convicción incluso más fuerte surgida precisamente por el hecho de que lo llegaste a ver? En otras palabras, ¿qué circunstancia es la que traería aparejada una mayor convicción: verte tú convencido siglos más tarde de que debes seguir las enseñanzas de alguien, o simplemente el saber que realmente has estado con esa misma persona la noche anterior, a pesar de lo singulares que sean las circunstancias? ¿Puedes imaginarte ahora el gozo de los discípulos al ver a vivo a Jesús –cara a cara, mirándole directamente a los ojos? En ese momento cuando vieron a Jesús, el cielo entró en el ámbito de la tierra y la eternidad hizo su eclosión en su interior. Pues al fin y al cabo ¿qué es un acto de aparición de Jesús resucitado? Cuando los discípulos vieron a Jesús resucitado, ¡lo vieron andar, hablar, en vida eterna! ¡No nos extraña nada que estuvieran completamente seguros del cielo![50]

De modo que aquí reside la principal diferencia entre los discípulos y aquellos otros que tienen convicciones religiosas. Además de sus fortalecidas convicciones, los discípulos tuvieron la evidencia de una experiencia que ninguna otra persona haya tenido nunca, ni antes ni después.[51] Contemplaron el cielo en la persona de Jesucristo. Y aunque los creyentes de hoy no hemos visto a Jesús (1 Ped. 1:8), tenemos la segunda mejor opción imaginable: ¡una evidencia muy poderosa de que los discípulos sí lo vieron a él!

CONCLUSIÓN

Quiero enfatizar aquí mi tesis de que el aspecto más crucial para un argumento en defensa de la historicidad de la resurrección de Jesús es que los discípulos estuvieron totalmente convencidos de que habían visto actos de aparición de Jesús resucitado. La comunidad de expertos investigadores sostiene que estas experiencias son históricas en toda regla. Estos mismos académicos casi siempre reconocen que las respuestas alternativas naturales no explican los hechos. Por lo tanto, el peso abrumador de las evidencias que establecen las experiencias de los discípulos, especialmente a la luz del fracaso de estas alternativas, ahora se constituye como un abrumador conjunto de evidencias de los mismos actos de aparición correspondientes a la resurrección.

Además, el que estas apariciones fueron la causa de las transformaciones de los discípulos, entraña una separación entre estas y otras metamorfosis religiosas y políticas. El hecho de que los discípulos vieron verdaderamente a Jesús resucitado fundamenta sus convicciones acerca del cielo sobre la base de las primicias de esta realidad de la que ellos habían sido testigos directos. Los creyentes de hoy, de manera muy emocionante, aunque no hemos visto a Jesús resucitado, tenemos la segunda mejor opción

50 Para consultar un argumento que articula detalladamente la conexión entre la resurrección de Jesús y la vida eterna, véase Habermas, *The rise Jesus and Future Hope,* caps. 1-7.

51 Gary R. Habermas, "Resurrection Claims in Non-Christian Religions", *Religious Studies* 25 (1989): 167-77.

imaginable: ¡una evidencia muy poderosa de que los discípulos sí lo vieron! ¡El argumento es firme, y en su conclusión, todavía, se encuentra el cielo!

RECURSOS BIBLIOGRÁFICOS

Craig, William Lane y John Dominic Crossan, *Will the Real Jesus Please Stand Up?*, ed. de Paul Copan, Grand Rapids, Mich.: Baker, 1998.

Craig, William Lane y Gerd Lüdemann, *Jesus' Resurrection: Fact or Figment?,* ed. de Paul Copan y Ronald Tacelli, Downers Grove, Ill.: InterVarsity Press, 2000.

Habermas, Gary R., *The Risen Jesus and Future Hope*, Lanham, Md.: Rowman & Littlefield, 2003.

_____, *The Historical Jesus: Ancient Evidence for the Life of Christ,* ed. rev., Joplin, Mo.: College Press, 1996.

Habermas, Gary R. y Michael Licona, *The Case for the Resurrection of Jesus*, Grand Rapids, Mich.: Kregel, 2004.

Wright, N. T., *The Resurrection of the Son of God*, vol. 3 de Christian Origins and the Question of God, Minneapolis: Fortress, 2003.

BÁSICOSANDAMIO

Aquí tienes un listado de los Básicos Andamio que hemos publicado.

Biblia

- **ELÍAS**

Timoteo Glasscock

- **PRIORIDADES**

Esteban Rodemman, Pablo Martínez, Timoteo Glasscock, Charles E. Hummel

- **¿QUÉ ES LA ADORACIÓN?**

Andrés Birch. José Moreno Berrocal. Xosé Manuel López Franco

- **LA BIBLIA, MÁS DESEABLE QUE EL ORO**

Derek Bigg

Liderazgo y pastoral

- **ÉTICA CRISTIANA PARA UNA SOCIEDAD DE CONSUMO EN CRISIS**

Pablo Wickham, José Grau, Josep Araguàs, Timoteo Glasscock

- **VOCACIÓN PASTORAL**

Francisco Portillo, José Hutter, Samuel Escobar, Wenceslao Calvo

- **PRINCIPIOS Y ESTILOS DE LIDERAZGO**

Ajith Fernando, Manuel Suárez, Dixon Edward Hoste

- **JONATHAN EDWARDS. PASIÓN POR LA GLORIA DE DIOS**

José Moreno Berrocal

- **TRES FACETAS DEL PREDICADOR**

J. I. Packer . Edmund P. Clowney . David Jackman

- **EL PREDICADOR Y SU RELACIÓN CON LA PALABRA**

Peter Adam, John Woodhouse, Peter F. Jensen, Sinclair B. Ferguson

- **JESÚS ANTE LOS PROBLEMAS EMOCIONALES**

Josep Araguàs, Higinio Cortés. Pablo Martínez Vila, Francisco Mira

- **LA PREDICACIÓN QUE TRANSFORMA**

Frank J. Retief. Philip D. Jensen. D.A. Carson. John Chapman

- **HISTORIA, INFLUENCIA Y LEGADO DE JUAN CALVINO**

M. Leighton. J. Moreno. B. Coster. J. de Segovia. P. Puigvert. K. Paksy. D. Estrada. A. Birch

- **EL PODER DE LA CRUZ**

Andrés Reid. Donald A. Carson

- **LA REFORMA AYER Y HOY**

José Moreno Berrocal. Bernard Coster. José de Segovia

• **PRACTICAR LA PRESENCIA DE JESÚS**
Esteban Rodemann

Apologética

• **GNOSIS Y CRISTIANISMO. EVANGELIO DE JUDAS E HISTORICIDAD**
Jonathan Secanella
• **¿COMO SE SABE QUE EL CRISTIANISMO ES VERDADERO?**
William Lane Craig . Thomas A. Howe y Richard G. Howe . Craig J. Hazen . Gregory P. Koukl
• **MANTENIENDO VERDADES CIENTÍFICAS Y CRISTIANAS EN UN MUNDO POSTMODERNO**
Denis R. Alexander. Dominic Smart. Roger Trigg. Ernest Lucas. John L. Taylor. Donald A. Carson.
• **TEMAS APOLOGÉTICOS DE HOY**
Emmanuel Buch. Fernando Ramos. Pablo de Felipe. César Vidal.
• **CINCO ARGUMENTOS ACERCA DE LA EXISTENCIA DE DIOS**
Francis J. Beckwith, R. Douglas Geivett, William A. Dembski, W. David Beck, Paul Copan, William Lane Craig
• **EN EL UMBRAL DE LA MUERTE**
David F. Burt

Actualidad

• **NUEVAS ADICCIONES, SÍDROMES Y TRANSTORNOS**
Sara Grau. David Ortega. Ángel Sierra
• **TRANSICIÓN ENTRE LA FORMACIÓN Y EL TRABAJO**
Editado por Tim Vickers
• **EL PRÍNCIPE CASPIAN Y LA FE DE C. S. LEWIS**
José de Segovia
• **PIONEROS PROTESTANTES EN LA ATENAS DE GALICIA**
José Luis Fernández Díaz
• **LAS FUERZAS DEL CONSUMO Y LA VIDA DE FE**
Esteban Rodemann
• **RESPONSABILIDAD SOCIAL Y POLÍTICA DEL CRISTIANO**
Frederick Catherwood. Manuel Suárez.
• **PSICOLOGÍA Y SEXUALIDAD**
Febe Jordà. Esteban Figueirido. Lidia Martín. Beatriz González.
• **LAS CRISIS**
Lidia Martín
• **EVANGELIO Y COMUNICACIÓN**
Juan A. Monroy. Pedro Tarquis. José de Segovia